Chuva Braba

Manuel Lopes é um dos nomes mais destacados da História Literária de Cabo Verde.

Nasceu em São Vicente em 1907. Ainda criança, e após terminada a instrução primária, prosseguiu os seus estudos em Coimbra. Em 1923 estava de novo em Cabo Verde. Publicou os seus primeiros trabalhos literários no Almanaque de Lembranças Luso-Brasileiro. Colaborou nos jornais *Notícias de Cabo Verde* e *Ressurgimento*.

Em 1936 fez parte do grupo de escritores que fundou a revista Claridade, com a qual nasceu o primeiro movimento literário cabo-verdiano.

Poeta e ensaísta, notabilizou-se, contudo, pelas suas obras de ficção, de que se destacam *Chuva Braba* (1956, Prémio Fernão Mendes Pinto), *O Galo Cantou na Baía* (1959, Prémio Fernão Mendes Pinto) e *Os Flagelados do Vento Leste* (1960, Prémio Meio Milénio do Achamento de Cabo Verde).

Manuel Lopes vive actualmente em Lisboa.

Manuel Lopes

Chuva Braba

R O M A N C E

CAMINHO
UMA TERRA SEM AMOS

CHUVA BRABA
Autor: Manuel Lopes
Design gráfico e ilustração da capa: José Serrão
Revisão: Secção de Revisão da Editorial Caminho
© Editorial Caminho, SA, Lisboa — 1997
Tiragem: 2000 exemplares
Composição: Secção de Composição da Editorial Caminho
Impressão e acabamento: Tipografia Lousanense, L.da
Data de impressão: Março de 1997
Depósito legal n.º 107 067/97
ISBN 972-21-1110-8

Primeira Parte

1

— Pesado c'ma pedra — rosnou o Zé Viola, que desadorava carregos de lombo, curvado sob o saco mal cheio de alfarrobas.

Pescoço torcido, mãos ora num joelho ora no outro, lá foi trepando a rampa íngreme, parando, papiando, tacteando o fio da vereda, agachando-se aqui e ali para evitar os ramos mais baixos das árvores, tornando mais penosa e comprida a escalada. Era amigo de mondar hortas, regar de levada, pilar milho ou rachar lenha à Isabel, tratar das alimárias, dar à língua, isso sim, dar à língua. Ah, a língua do Violão, como o Joquinha o nomeava por despautério, não parava na boca! Quando não tinha ouvidos que o ouvissem pensava em voz alta como se falasse com defunto.

— Não andei direito, não. Se tinha trazido mais um saco vazio pra junto da alfarrobeira, qu'est'ano deu para parir pra duas, com certeza eu fazia três carretos, mas ficava mais leve este diabo. — A passo de boi, resfolegando, rosnando sempre, «carga de ombros pra riba é tarefa de mulher», o criado de nhô André galgou por fim a vereda estreita que, debaixo de seus pés calaceiros põe um põe outro, era um nunca acabar de voltas, cruzamentos, degraus escorregadios cavados na rocha.

Para fecho da jornada carreteava as alfarrobas do fundo do córrego, a dois passos do curral do trapiche, para o pequeno armazém anexo à casa do patrão. Chegado ali, deu um empurrão à porta com o pé, mas antes de transpor a soleira entreparou, uma perna dentro outra fora, intrigado. «Uá!», fez ele a meia voz. Vinham uns zunzuns das bandas da sala de jantar. Reconheceu logo o falar brasil de nhô Joquinha, o amigo e hóspede do patrão. Só ouviu a voz do «brasileiro», que não era dado a discutir com as paredes. Nhô André estava nesse momento assistindo às regas da hortaliça na covoada de baixo. Tuca, o filho único, largara na véspera para o Paul, arrastando consigo o Eduardinho, seu antigo condiscípulo, que viera gozar as férias, rapaz esperto que escrevia brabo pra jornais. A lengalenga não podia ser com nenhum deles. Quem seria quem não seria, Zé Viola, que era metediço e curioso, e cioso das gorjetas que o hóspede lhe metia nas mãos por dá cá aquela palha, não resistiu à tentação de ver com os próprios olhos quem andava chaleirando o protector. Tombado o saco a um canto do armazém sobre o esteirado de cariçó, correu a empoleirar-se no degrau de pedra. Por cima da meia porta, que lhe dava precisamente pelo nariz, disparou uma olhadela provisória e viu tudo. A fala era para o Mané Quim, afilhado do «brasileiro», que escutava o «bate-papo» (aprendera a expressão com o Joquinha) sem descoser o bico nem despregar os olhos do chão. «Uá!», exclamou mais uma vez Zé Viola, descendo o degrau. Devia ser coisa de muita importância. Para evitar censura do patrão, homem de poucas falas que não gostava de ver os mandados cortados a meio, e porque lhe apeteceu apreciar a coisa com governo, tratou de se sumir o mais depressa possível em busca do outro meio saco de alfarrobas que deixara encostado à árvore-mãe.

O discurso continuou por uns minutos, lá dentro. Houve uma pausa por fim, durante a qual se distinguiu um tinido de vidro e gorgolejo de água na boca do moringo. O sol já tinha cambado a Bordeira, e as sombras da montanha, que desceram sorrateiramente a ladeira de terrenos de sequeiro e pilares de regadio, esparramavam-se pelas chãs nos fundos do vale; e à medida que as sombras se expandiam, paisagem e coisas iam tomando uma qualidade sedativa e repousante.

A meia porta abriu-se, apareceu um homem de meia-idade, meia estatura, gordo, que, com vagar e apoiando-se cautelosamente à ombreira assentou os pés no degrau de pedra, saltando em seguida para o pátio. Tinha o rosto redondo, bem escanhoado; na cabeça, um fiapo de cabelo era penteado cuidadosamente, em arco, para disfarçar um princípio de calvície. O seu primeiro movimento, aparentemente natural, foi levantar o braço esquerdo e, com gesto delicado, a mão muito leve, acariciar a cabeça no sentido do penteado, da fonte esquerda para a fonte direita. Atrás dele apareceu o Mané Quim, moço ainda, chupado de carnes mas rijo e de largos ombros ossudos. O seu ar bronco e metido consigo aparentava mais acanhamento e obstinação que estupidez. Quando se acharam ambos no pátio, Joquinha virou-se para ele:

— Ora sim, como ia dizendo... — tirou o lenço do bolso das calças, passou-o pelo rosto, demoradamente. O afilhado deitou-lhe uma mirada de raspão e tornou a abaixar os olhos como que intimidado.

Foi quando Zé Viola voltou com o saco às costas, a boca arreganhada, a caixa do peito abrindo e fechando, chiando com fole de ferreiro. Vinha agora mancando, um dedo do pé no ar, o andar desengonçado, o saco dançando dificilmente no lombo. Deu com os dois ali no pátio, nhô Joquinha botando mais prosa; então foi o milagre, as dores da topada desapareceram. Papiador brabo aquele homem! Criatura prendada, com dois dedos de ciência na língua. Zé admirava-o. E era-lhe grato. Por qualquer mandado, coisa de cacaracá, nem dum obrigado, lá vinha uma moeda de cinco tostões. Para cada carreto de água alcalina ou férrea, um passeiozinho relaxado pé aqui pé acolá até à nascente, uma hora se tanto ida e volta, eram então quinze tostões e mesmo dois mil-réis certos. E ambos ficavam assim bem servidos, graças a Deus. Deixou cair o saco ao lado do primeiro, correndo a encostar-se, sem mais delongas, ao cerco de pedra, junto da cancela. Enquanto afagava disfarçadamente no dedo esfolado, Zé Viola não perdia pitada da conversa, observando de soslaio o filho de nhâ Joja que não fazia outra coisa senão passar e repassar o boné duma mão para a outra, os dedos trémulos de velha catando bicho, e a dizer só, a cada pausa do padrinho: «Não sei, não sei... Vou dizer a mãe-joja...»

Joquinha meteu o lenço no bolso e retomou o fio:
— Como ia dizendo, fiquei espantado quando não vi água caindo das rochas como antigamente. Isto está ficando ruim, está ficando medonho, rapazinho. Regadios minguando, as moitas de verdura morrendo de sede, se refugiando junto das nascentes cada vez mais escassas... Quem viu estas chãs antigamente e quem as vê agora! — a voz tremia-lhe nos lábios e o tic brasileiro tinha um sabor gozado na sua boca. — Cadê o cheiro a fartura, aquele ar de satisfação, aqueles tambaques de milho às portas que deixei quando parti? O mundo por estas bandas está de rabo virado, está de rabo virado — disse e ficou com a tristeza pintada na cara lisa e gorda, por uns momentos, como um actor ensaiando. — Tudo ralo — continuou —, os tapumes cor de cinza, as terras queimadas; feliz de quem encontra um caminho longe para fugir atrás da chuva que fugiu das ilhas. É como digo, rapazinho. — Joquinha abria os braços, batia o queixo na papeira como se a quisesse esborrachar, procurava comover o afilhado pondo uma entoação desesperada e trágica, mas calma, na voz. Este mantinha a cara fechada e pendida, uma profunda ruga cavada entre os supercílios; parecia escutar uma descompostura. — Está ficando medonho, ora sim. Certamente tens de procurar outra vida, é isso que tens de fazer. Aproveitar a oportunidade e tomar uma decisão. Porque um aguaceiro à toa sobre estes campos ardidos não remedeia nada. Não impedirá que as plantas morram à míngua, agarradas aqui e ali aos pingos de água dos recôncavos. Seria preciso que uma chuva caísse sobre o molhado da outra e assim por diante até virar como antigamente. Mas não vejo jeito, não vejo jeito...

Calou-se. Levou a mão à cabeça, acariciou-a delicadamente, da esquerda para a direita. Procurou, em vão, na fisionomia do afilhado os efeitos das suas palavras. («Não sei, não sei... Vou dizer a mãe-Joja», exprimiam os olhos do afilhado.) Meteu as mãos nos bolsos, tomou fôlego uns segundos e continuou num tom mais familiar como se estivesse agora pisando o soalho da sua casa:

— Uma pedra bem pesada que erguemos a custo pela encosta acima, e, antes de alcançar o topo, torna a rolar para o fundo porque a não podemos suster, e há-de irremediavelmente cair a cada tentativa reforçada, isso nunca foi futuro para ninguém. Futuro não é marcar passo. Quando pensamos no futuro temos sempre em mira consertar a vida. É por isso que pensei em ti, rapazinho, e quero te levar comigo para Manaus. Tu aqui não serves para nada, não passas de uma energia desperdiçada. Te estudei bem, teu futuro está lá fora. O Jack pode se encarregar de tudo. Como te disse, podes perfeitamente estabelecer uma mesada à comadre. Ganharás o suficiente para isso. E vestirás uma roupinha melhor, te divertirás... o homem não é besta de trabalho... e aprenderás a viver. És um moço direito, sério novo ainda e rijo. Vais ajudar o padrinho, não é assim? (O boné de Mané Quim não era boné mais, era uma rodilha. Zé Viola observava tudo, enquanto esfregava o dedo esfolado.) Eu já tinha dado fala à comadre, mas foi assim uma piada muito por alto. Lhe disse só: «Gostava de levar o afilhado comigo.» A comadre pareceu não ouvir bem. Pelo menos nada me disse. Não insisti porque não tinha governado bem o assunto, era só uma ideia a verrumar-me o miolo. Foi logo quando cheguei, quis observar primeiro, quis te conhecer bem primeiro. Nunca gostei de fazer as coisas a voar. Agora está decidido, te levarei comigo para Manaus. Pensa bem então. Vai consultar a comadre Joja, estudem bem estudado antes de tomarem qualquer decisão. Vai e explica à comadre. Ora sim, dá-lhe mantenhas e dize-lhe que passarei por lá antes do fim da semana.

Zé Viola escutou tudo bem escutado; e quando o filho de nhã Joja, comovido, abandonou o pátio roçando-lhe os joelhos sem lhe deitar sequer uma mirada de despedida, olhou para ele maravilhado como se tivesse assistido a uma sessão de feitiçaria em que um burro que entrasse burro saísse metamorfoseado em cavalo.

Um pecador não deixa o confessionário com mais leveza de ânimo do que Joquinha depois da conversa com o afilhado. Era como se tivesse alijado grande peso da consciência. Sacou do lenção vermelho, desdobrou-o, enxugou o rosto. Julgando-se só, fez com a mão que segurava o lenço um gesto circular, ao mesmo tempo que rodava sobre os calcanhares. Esse gesto exprimia, possivelmente, a frase mais emocionante que só agora lhe acudia à ideia; ou, talvez, a conclusão moral da conversa que acabara de ter, senão, simplesmente, pura manifestação de alegria. Mas o braço caiu antes de completar o movimento, e os seus lábios esboçaram um sorriso disfarçado. Zé Viola, à entrada do pátio, olhava para ele como se quisesse pedir alguma coisa. Mas Joquinha observou nele uma careta duvidosa que tanto podia exprimir estupidez como velhacaria.

— Então Violão, que há? — perguntou, dando uns passos e parando diante do rapaz.

A boa disposição do hóspede do patrão estimulou Zé Viola:

— Ocê desculpe, nhô Joquinha. Não é atrevimento da minha parte. Quando dois homens expressam razão ninguém tem nada que saber o que se passa no meio deles. Mas eu não estava a escutar. Encostei-me a este muro pra descansar uma muínha e espiar este pé esfolado duma topada, e sem querer ouvi o que ocê disse a Mané Quim.

— Bem, bem. Não tem nada, moço, não era segredo.

— Eu pensava, conversando cá pra mim: Sorte não é pra todo o vivente. Se eu encontrasse quem me quisesse levar prò Brasil ou América, encostava a enxada atrás da porta e dizia logo: «Bá'mbora», mas ocê dizia umas coisas... Eu já esqueci de escrever a minha graça, sabe ocê?, mas sou entendido e sei expressar razão. Mão direita sabe o que é que mão esquerda quer.

— Pois então quem desconhece isso? Tu és um

moço sabido, eu sei. Dize lá que é que não gostaste de ouvir então?

— Ocê falou na chuva acabar... Nhô Vital não diz assim. Sabe ocê, segredo das águas a gente estuda na feição do tempo, a gente estuda no cariz das rochas, nas nuvens, na linha do mar, na cor que o céu mostra, no anel da Lua, na endireitura do vento, no cheiro que ele traz. Tem mil maneiras. Uns sabem estudar melhor que outros. O lunário de nhô Vital não fala assim como ocê. Nhô Vital estuda no lunário e sabe ver nos astros. Diz que vai chover, e quando ele diz que chove é porque chove, a não ser se Deus não quer. Mas ocê meteu-me medo direito, porque sei que neste mundo tem homens de muita sabedoria, uns são mais sabidos que outros, cada qual com a sua prenda e seu sentido. Mas tá a ver que se dois homens têm muita sabedoria e um diz que sim e o outro diz que não, nós os coitadinhos ficamos a fazer cruzes na boca a ver quem vem virar pra um lado ou pra outro. Se a chuva acabar deveras, não sei como vai ser. Um rabo pelado como eu — acrescentou Zé Viola com um esgar de cómica desolação — pode quebrar a enxada e meter a cabeça num buraco. Que é que vai ser do mundo se a chuva acabar? Ocê acha que vai acabar deveras?

— Eu não disse que a chuva vai acabar, moço, não posso adivinhar. Nem eu nem nhô Vital com o seu lunário. Chuva quando vem, vem e pronto. Se não vem... O homem não pode fazer nada contra a vontade de Deus, ninguém sabe o que vai acontecer no dia de amanhã...

Zé Viola sentiu grande alívio.

— Nhô Joquinha desculpe — retrucou com o moral levantado —, eu não tenho sabedoria pra discutir com ocê, mas a mim me parece que chuva não é adivinhada; é estudada. Quase que a gente sente seu cheiro a rondar... Nhô Vital pode até dizer o dia que ela chega. Mas agora isso de cair, cai na vontade de Deus, sim. Deus até pode mandar um calor muito grande que seca a chuva antes de chegar na terra. Ocê sabe mais que a mim. O que digo a ocê é que um homem nunca deve perder a fé porque fé de homem dá força nas coisas. Nha-mãe fala assim. E nhô Lourencinho, que é um velho que tem muito pensar debaixo do boné, diz que só perde a fé quem não tem alma.

Era um campo em que Joquinha não procurava discussão. Levou a conversa para o terreno da realidade:

— O que é verdade, Zé, é que tudo vai ficando pior de ano para ano. Toda a gente o diz e eu tenho olhos e vejo. Tu então não te lembras como isto era antigamente, quando eras menino?

— Nisso ocê tem muita razão. Mas quem não diz a nós que um dia tudo vira, e o que é mau fica bom? Porquê que bom há-de virar mau, e não há-de mau virar bom? É questão de cair pra um lado ou de cair pra outro lado. Pois ocê fique sabendo que tem tido uns anos de fartura que até parece que pedra dá comida. E o que é seco hoje é molhado amanhã. Também quando tudo fica ruim temos de saber apertar o lato na barriga. É o destino de cada qual, consoante está traçado.

Joquinha encostou-se ao muro, perto do rapaz. As conversas do Zé Viola divertiam-no. Era uma forma de ele também, Joquinha, dar um pouco à língua.

— Olha lá: és um moço de entendimento, lá isso és. Por que não te raspas daqui? Por que não vais para São Vicente? Eu podia arranjar-te um lugarinho nas hortas da Ribeira de Julião. É uma terra melhor, tem muita maneira dum homem safar a vida. Podias, sim, trabalhar nas hortas da Ribeira do Julião. Os poços, lá, vão dando alguma água, chova ou não chova, e há sempre um ventinho para as bombas puxarem a água para cima. Em São Vicente qualquer verdura dá dinheiro porque tem vapores na baía pedindo hortaliça quase todos os dias. Se fores para lá ficas melhor. Posso falar com um amigo...

— Sempre eu vou esperando...

— Esperando o quê, Violão?

— Chuva tem de vir. Eu não gosto de S. Vicente, sabe ocê? Tem muita gente, tem muito rebuliço; o que não tem é água a correr. Ocê fez-me medo com essa história de não chover, mas vi que era coisa de adivinhação. Eu por mim acredito no lunário de nhô Vital. É um livrinho de ciência e nhô Vital saber ler nele.

— Bom, mas dize lá, mocinho: és proprietário? Tens alguma trincha de teu?

— Uá! Só se for uma lasca de pedra. De meu, só a minha enxada e estes braços pra cavar. Enquanto tiver saúde...

Zé Viola era tal e qual uma grafonola. Joquinha gostava de lhe dar corda.

— Então tanto faz estares cá como acolá. Foi um conselho que te dei, este de ires para São Vicente. O que te digo é que isto está virando ruim, e, na vida, quando uma coisa não vai bem, temos de procurar outra que seja melhor. A gente faz um jeito de viver da melhor maneira. A morte vem quando chega a hora. Temos de saber aproveitar bem os anos que nos restam, não é assim?, lutar sempre para uma melhoria. Quando um homem não está bem num lugar, muda para outro lugar melhor.

Joquinha sentia-se nos seus bons dias de inspiração. Era como se estivesse a falar para si próprio, e assim saboreava as suas palavras como se as deitasse para fora e as engolisse de novo. Tomava-lhes o gosto, e, de freio nos dentes, sentia nesse momento a força suficiente para converter meio mundo. Mas Zé Viola não ia no bote com duas cantigas.

— A gente não sabe onde é que está o lugar melhor. Se um dia me tirassem daqui e viesse depois uma chuva rija, seria pra mim uma grande dor de alma. Quando a alma dói uma criatura não fica bem em qualquer parte. É o que digo ocê. Mesmo que meu destino fosse Brasil ou América...

— Estou a ver que não queres saber da vida pra nada, ahn, Violão?

— Isso agora não. Cada um tem seu destino. Eu só queria que o ano fosse de boas águas.

— E se for de boas águas, o que é que sucede? Compras uma mèrada com certeza?

Zé Viola não tinha papas na língua. Não pôde resistir e desembuchou:

— Se o ano for de boas águas caso-me com uma mocinha que eu sei; ela chama-se Andreza e mora na Ribeira dos Bodes onde sua gente tem umas trinchas de terra. É o que faço — acrescentou caminhando para a saída do pátio, desconcertado com a própria ousadia — se o ano for de boas águas.

— Seu mariola que não me tinhas dito isso ainda. Pois a mim me cheira que o ano vai ser de boas águas — vaticinou Joquinha.

— Nhô Joquinha há-de voltar ainda à Ribeira das Patas pra ver como isto vira bonito como antigamente e também... — Zé Viola não se atrapalhou — pra ser padrinho do casamento.

Fez um gesto gaiato e, mancando, desapareceu atrás da casa.

2

Mal se despediu «padrim dê-me a bênção», desapareceu atrás da casa onde tomou um carreiro que, serpenteando entre o milharal tenro de regadio e a mèrada de ervilhas congo carregadas de flores vermelhas e amarelas, ia desembocar no caminho público, umas cinquenta jardas mais acima. Já as sombras da tarde galgavam as vertentes opostas, derramavam-se para lá da Ribeira dos Bodes, e o Monte da Gávea, pontiagudo e solene, sossobrava aos poucos como um náufrago sem socorro. A paz emergia dos fundos do vale onde se refugiara durante as fainas do dia.

Mas Mané Quim não levava a paz consigo. Acompanhava-o o desassossego e uma indizível ansiedade, uma sensação de culpa como se tivesse sido forçado a contribuir para um acto criminoso, acto esse que o privasse, ao mesmo tempo, dum bem indispensável. Ia apatetado, desorientado, o padrinho enchera-lhe a cabeça de atribulações. Seguiu ao longo do caminho, sem pressa como se fosse impelido a contragosto. Pegou as voltas pedregosas que desciam até à Chã de Morte. Andou um pedaço pela chã e foi debruçar-se ao muro do caminho onde este fazia uma curva maior e se avizinhava da borda do Ribeirãozinho. Quando chegou ali os últimos acenos do sol morriam nos cabeços da Ribeira Fria e do Alto Mira.

Com a ausência do sol o calor subia da terra como do rescaldo dum incêndio. Dos leitos dos córregos que golpeavam profundamente a ampla base do vale uma aragem leve e muda começara a ascender; vagabundeando sem direcção, foi-se alastrando e absorvendo o calor da terra, dando às chãs rasas e queimadas uma consoladora fresquidão. Mané Quim sentiu-se envolvido da sua carícia benfazeja, e, aos poucos, restituído do bem-estar e da tranquilidade que o padrinho lhe havia tirado. De repente, mau grado o acabrunhamento e a tristeza, um vivo sentimento da realidade — uma acuidade anormal para as coisas que habitualmente se lhe escapavam — acordou no seu coração. Como se o remorso, e uma prematura saudade, começasse a minar-lhe a consciência...

As montanhas postavam-se à volta nuas, cinzentas, estáticas, à espera da noite. O silêncio já não era bem silêncio, mas um imenso ouvido à espreita, um ouvido sem perturbação, atento e sensível a todos os ruídos, a todas as expressões de vida que vibravam no ar. Através da urdidura invisível da atmosfera os ruídos iam e vinham, cruzando-se, como uma multidão de lançadeiras que se sucediam ininterruptamente. Chegavam e partiam enlaçados, ou um a um, distintamente rotulados pela clara mudez do desamparinho. Eram vozes desprendidas de palavras soltas em qualquer parte, o desmoronar cavo e cheio de ecos duma quebrada nos fundos distantes, um brado aqui e ali, o pisar de ramos secos próximo, um burrico algures de goela aberta zurrando como corneta desafinada, ou, de repente, o mugido prolongado dum boi solitário. Era, sobretudo, o bruaá difuso — música de fundo ou ressaca longínqua que se desfazia em número infinito de lançadeiras microscópicas quase imperceptíveis, e se desprendia da natureza inanimada e por momentos pairava no ar; esse sussurro misterioso que é a linguagem dos crepúsculos nos amplos e profundos vales, que vem não se sabe donde e paira na atmosfera e se dissolve como vapor de água em sucessivas vagas agonizantes.

Para Mané Quim, era essa a realidade, a sua realidade de vinte e três anos. Desde que nascera até hoje tinha sido essa a sua música familiar, a música que os seus ouvidos melhor entendiam.

A proposta do padrinho soava-lhe ainda aos ouvidos qual som de guerra destoando da tranquilidade reinante. Descera sobre a paz do seu espírito como milhafre sobre a criação descuidada. Descera, levantara pó, provocara pânico... (Mas sucede que há, perto, uma árvore protectora em cujos galhos entrelaçados as asas habituadas à amplidão se embaraçam, há esconderijos entre as fendas dos muros onde a fera esbarra desajeitada, há as asas das mães intrépidas, ou, ainda, esse mesmo pânico capaz de desnortear o mais sanguinário dos inimigos. Passado o momento difícil, arredado o perigo e a confusão — e porque não deixou de haver sol no céu e cisco na terra, borboletas voando ao alcance dos bicos e lagartinhos suspensos nas folhas tenras das plantações rasteiras e besouros entre as pedras, enfim uma enfiada de tentações fortes que se oferecem de todos os lados aos imperativos mais instantes — à gula da bicharada miúda da casa —, de novo a vida volta, esquecida, à normalidade embora os coraçõezinhos batam ainda por uns instantes, descompassadamente)... De momento era ainda tudo confuso no seu espírito. Nem se esforçou por formular uma resolução, nem procurou meter um fósforo aceso na escuridão da sua cabeça. Mas a pouco e pouco, naturalmente, o coração, passado o pânico, foi serenando, a proposta do padrinho foi ficando para trás, a imagem do homem extinguindo-se até desaparecer por completo sob a pesada mansidão da tarde que morria.

De bruços sobre o muro, ficou-se olhando a chã rasa coberta de capim ardido. Uma frase acudiu-lhe ao espírito, uma frase apenas: «Isto está ficando medonho», mas esqueceu-a logo. Diante dele uma cabra branca luzidia, amarrada a um pé de rícino, mexia o rabinho com tanta esperteza como se estivesse teimando em dizer não, não, não; batia nervosamente as patas, espirrava graciosamente meneando o focinho e mostrando os dentes num riso trocista e alvar. Dando com o rapaz

debruçado a olhar para ela, tornou-se quase prazenteira, parou de ruminar, levantou o focinho para ele e fi-
tou-o de frente com inesperada inteligência, como se
quisesse falar-lhe, dizer-lhe da sua filosofia sem artifícios
nem complicações. Mané Quim observou-a com entendimento. Compreendia melhor os bichos que os homens. Sabia o que significavam aquelas manhas: «Tu o
que estás a pedir é macho. Agorinha assim, fosses minha, botava-te era no bode de nhô Sansão.»

Para lá duma elevação de terreno uma espiral de
fumo subia direito aos céus como corda levemente
tangida. Devia ser nh'Ana queimando bananeira para
o fabrico de sabão. Mulher mexida, nh'Ana. Enquanto
o marido, coitado, não se podia ter nos pés ulcerados
— quem o vira outrora homem enérgico e rijo, e o via
agora galo murcho! — nh'Ana, que virara galinha can-
tadeira e levantara a crista, não parava de fazer e mandar fazer. As filhas, umas mulheraças, não tomavam
fôlego sob o seu comando, desaprenderam de mandriar,
sempre carretando imensas cargas, indo e vindo numa
roda-viva. Fabricavam queijos de leite de cabra, cordas
de carrapato desfiado, esteiras — esteiras vendidas para
toda a ilha e mesmo recomendadas de S. Vicente; tro-
cavam produtos agrícolas por artigos de mercearia, fazendas, peixe. Troncos de bananeiras paridas tinham
larga aplicação ali no terreiro da casa de nh'Ana. Mané
Quim lembrou-se, por associação de ideias, da bananeira grávida no fundo do ribeiro; notara-o de manhã
quando seguia pelo leito a caminho do regadio do
Ribeirãozinho. O facto chamara-lhe a atenção porque
era o primeiro cacho da moita que nhô Lourencinho
mandara lá plantar.

Debruçado no muro do caminho, não era preciso
Mané Quim virar muito a cara para topar o boqueirão
do Tapume Grande de nhô Sansão, com o cerco de
pedras soltas no topo para as vacas não descerem.
O boqueirão era o pomo de discórdia entre a mãe-Joja
e o velho depravado: volta e meia, as vacas metiam os
chifres manhosamente, velhacas como o dono, deitavam
abaixo as pedras e saltavam para o regadio. Com um
simples movimento de olhos para o montante do ribei-

ro, mesmo na linha de chã, afogadas nas sombras que subiam do leito, distinguiam-se as franças pálidas das figueiras-bravas cujas raízes sugavam na mãe-d'água do Ribeirãozinho. O regadio do Ribeirãozinho era uma vistosa faixa compreendida entre o leito do mesmo nome e as bordas do Tapume Grande, principiando na mãe--d'água e indo terminar vários centos de metros ribeiro abaixo.

Ali moravam as ambições e as esperanças de Mané Quim. Sempre que lá descia — o que sucedia diariamente, pelo menos duas vezes, de manhã e à tarde — corria ao pequeno depósito, meladouro de pé de rocha, para observar o volume da água acumulada. Depois dirigia-se aos pilares, cavava o solo para estudar a altura da humidade e avaliar as necessidades, afagava as plantas, passava os dedos pelas folhas dobradas e sem viço, falava-lhes, procurava incutir-lhes ânimo e confiança como se fossem criaturas desesperançadas e sugestionáveis. Era um rito normal, quase profissional e clínico de médico de província que visita quotidianamente os seus doentes. As palavras que lhes dirigia serviam também para ele, porque o dia em que lhe faltasse coragem para lutar por aqueles pilares, então o mundo poderia acabar. Ali principiava e terminava o seu mundo. O resto não era já da sua conta — era o «mundo dos outros»; ficava para lá da sua órbita.

O Ribeirãozinho e os sequeiros do Norte pertencentes a mãe-Joja estavam adentro de áreas do seu governo, mas os sequeiros não o comoviam; trabalho de sequeiro era mecânico e rotineiro, as plantas davam na vontade de Deus, os homens pouco faziam. O Ribeirãozinho só porque tinha um fio de água a escorrer da rocha punha-lhe os sentidos e o coração despertos. As plantas de regadio pediam afagos de homem, afagos e amor; sem afagos e amor, morriam. É por isso que, entre as propriedades de mãe-Joja, dava antes preferência ao Ribeirãozinho, embora considerasse todas as outras dentro da esfera das suas obrigações e governo. Era o Ribeirãozinho que o inquietava. Trocaria de bom grado todo o dinheiro que fosse ganhar aonde quê, com quem quer que fosse, com o padrinho ou com outro qualquer, por uns centos de mil-réis só, para reavivar e recuperar aquela nascente moribunda. Nenhuma dádiva desta vida lhe traria tanta alegria como ver, um dia, aquelas plantas sorrirem para ele agradecidas. Unicamente um sonho o dominava: ver com os próprios olhos manar de novo a água que se sumira debaixo daquelas rochas, trazê-la à face da terra, devolvê-la às suas plantações como tesoiro perdido que voltasse, enfim, às mãos do dono.

Com uma súbita fúria a cabra branca pôs-se a rodar à volta do pé de rícino até reduzir a corda a um palmo de tamanho. Nessa posição incómoda não perdeu, porém, o optimismo. Quando se viu tolhida de movimentos, espirrou com desenvoltura assoando para o chão, lambeu as ventas com a comprida língua, berrou dengosamente como que para chamar a atenção do homem postado mudo diante dela, e levantou o focinho interrogativo.

Nesse momento, a Escolástica descia o Curral das Vacas pelo mesmo caminho que Mané Quim tinha percorrido minutos antes. Era a filha de nha Totona, a mulherzinha do coice da chã. Mas Totona era feia, magra, desajeitada de corpo, assanhada como gata parida, difícil de se contentar nas suas simpatias, esguedelhada e, ainda por cima, fanhosa. Correra por aí uma vez que ela tinha furtado a criança a outra mulher, mas viu-se depois que fora brincadeira dum moço da Ribeira da Cruz, despeitado por ter levado com uma tranca no lombo, arma que nha Totona manejava com perícia quando qualquer rapaz se afoitava a meter-se entre ela e a filha.

A rapariga trazia um grande balaio de colheita à cabeça. Com o seu andar bamboleante, quase espalhafatoso, as ancas dançando à roda da cintura, cintura de pilão, exageradamente estreita mas firme como num torno de batuque, mal parecia pousar os pés no chão tal a ligeireza com que pisava as pedras que atravancavam o caminho. Trazia a saia repuxada e amarrada por baixo da cintura com uma tira de carrapate, à maneira de cinto duplo, o lenço mal atado caindo para a nuca e, em lugar de blusa, um corpete de grosso tecido branco decotado e mal justo. Com o sacudir da marcha os seios bicavam como dois pombos prisioneiros e recalcitrantes, e a cada salto que ela dava a saia enfunava descobrindo as pernas, estriadas de músculos, até acima dos joelhos. Quando ela reconheceu Mané Quim debruçado no muro do caminho embebido na contemplação da cabra, afrouxou a marcha e tentou andar de modo a não ser apercebida por ele. Mas Mané Quim virou-se e deu de cara nela.

— Que é que tens, moço? Pareces dado de pau... — disse a Escolástica, parando e soltando uma gargalhada.

— Eu? Dado de pau? Estou com a cara de todos os dias, ora. — Mané Quim corou embaraçado. A presença da rapariga dava-lhe prazer mas não sabia como meter conversa com ela. Sempre que a avistava receava dar fiasco. Mas dessa vez encontrou uma pergunta salvadora. — Donde vens tu?

— Não tens nada com isso, não é da tua conta — respondeu ela para o arreliar. Mas contemporizando. Venho do Curral das Vacas. Donde querias que estivesse a vir? E tu que vieste fazer pr'aqui? Naturalmente viste-me passar pra riba e agora estás a explorar-me...

— Não te vi passar, não. Por que não me avisaste?

— Foi na hora do almoço que 'nha-mãe me mandou ir lá. Naturalmente vou ao Porto amanhã. «Naturalmente» não; vou de certeza. Então que estavas fazendo aqui parado no caminho?

— Pensando na vida.

— Pensas na vida olhando pra cabra de cada um? Naturalmente deu-te sede de leite esta boca-da-noite...

— Uá! — fez Mané Quim rindo. — Mesmo que fosse, esta cabra tá pedindo bode. Venho agorinha assim do padrim Joquinha.

— Agora é só padrim pra'li padrim pra lá. Toda a coisa agora é padrim Joquinha — circunvagou um olhar receoso, enquanto ajeitava o corpete para afastar o sentido do rapaz. — Que foste lá fazer?

— Olha, deixa-me ir andando contigo — pediu ele vendo-a fazer menção de caminhar.

— Não. Eu vou só. Não preciso de companha. 'Nha-mãe tá de olho arregalado.

— O diabo da velha tem-te assarapantada.

— Vai com a tua boca prò inferno. Não chames 'nha-mãe diabo. Ela disse se me apanha com rapazes dá-me tanta surra de marmelo que vou pra cama. Faz ela muito bem, e pronto. Assim eu sei quem está tomando conta de mim. E olha, quando ela diz que faz, faz deveras.

— É o que eu disse, uma estupora ruim.

— Moço, tu és desbocado. Se não tinha este balaio na cabeça dava-te uma pedrada na moleira, seu boca de erva. (Gostava de falar com ele assim, como de homem para homem, para lhe levantar o ânimo. Era um rapaz envergonhado, diante de gente trancava a boca, enquanto os outros rapazes do seu tamanho diziam as suas graças. Escolástica porém sabia puxar-lhe pela língua.) Se quiseres vai comigo até a mangueira. Mas juízo nessa boca — ela falava depressa, as palavras saíam-lhe da boca aos tropeções como cantiga bem decorada, e enquanto falava não deixava de relancear os olhos à volta, para verificar se eram observados.

Mané Quim pegou-lhe na mão e caminharam em silêncio. Uns passos andados, ela entreparou.

— Só até a mangueira — recomendou de novo.

— 'Nha-mãe que falou assim é porque papa tem caroço. E deixa-me dizer-te outra coisa: não me pegues na mão, por favor... Ela tem andado com a cara muito atravessada estes dias.

— Quem tem uma filha sabinha como tu...

— Canhota, beldroega — cortou ela esconjurando.

— Mau-olhado não pega comigo.

Depois ele perdeu a fala. Mas ela foi-lhe passando a notícia:

— Nhô João Joana chegou tem pouca hora, disse-me a Joaninha. Veio tomar conta da propriedade de nhô Álvaro ali nas Rochas. Não gosto nada da cara de nhô João Joana, Deus me perdoe. Parece exactamente o bode de nhô Sansão. Ele empresta dinheiro pra tirar as casas e as terras de cada um.

— Dias há aquele homem não pôs os pés na Ribeira das Patas — comentou Mané Quim pensativamente.

— Antes assim. Ele não tem nada que vir fazer.

Passaram junto da pequena capela abandonada com o oitão desguarnecido e triste virado para o caminho. Quando se aproximaram da casa de nha Eufémia, Mané Quim adiantou uns passos, foi esperar a rapariga mais abaixo, junto das laranjeiras de nhô Martins.

— Então, vais ao Porto amanhã?

— Naturalmente sim.

— Se eu levantar cedo, espero no caminho e andamos um bocadinho juntos.

— É melhor ficares na tua cama. Tu sabes quando chega a hora de levar de vara sou eu que levo e não tu. Joaninha vai buscar-me na minha casa. Mesmo eu tenho de me levantar cedinho pra tomar banho primeiro.

— Onde é que vais tomar banho?

— Uá! — exclamou ela virando-se para ele e soltando nova gargalhada. — Pra quê que queres saber? Naturalmente vais-me esfregar o corpo?

Ele ficou desconcertado. Mas julgou achar um meio de se sair bem da situação:

— Ahn? Vais tomar banho na ribeira? — fez ele com um trejeito de malícia. — Quanto ano fazes amanhã, ahn?

Escolástica fingiu zangar-se:

— Larga-me da mão, boca de erva. És muito atrevido — deu-lhe um empurrão e afastou-se rapidamente, mas Mané Quim alcançou-a, passou-lhe o braço pela cintura, puxou-a para si e, quase sem querer, deu-lhe um beijo na boca. Escolástica a princípio ficou embaraçada: «Uá!», fez ela enrubescida. Mas num movimento desabrido assentou o balaio no muro, agarrou uma pedra de bico e correu, decididamente, para o rapaz. Engalfinharam-se, houve uma luta renhida, durante a qual a rapariga se ia zangando a sério. Fizeram as pazes. Foi avisando enquanto repunha o balaio à cabeça: — Se me tornas a beijar uma outra vez, racho-te ao meio, atrevido. Bem sabes que nós dois não somos da mesma laia.

— Disparatenta! Quer dizer agora! — ripostou Mané Quim com a voz trémula. Tentou pegar-lhe na mão que ela evitou num puxão. Continuaram a andar.

— Tu não me disseste ainda o que é que foste tratar com nhô Joquinha.

— Ah, é verdade. Padrim quer pra eu ir com ele pra São Vicente. Disse-me que depois leva-me prò Brasil. Ele quer à força...

— Ahn? — Escolástica estacou, levantou as mãos para amparar o balaio. Ficou uns instantes parada fixando-o sem saber que dizer. Com mais calma acrescentou:

— Ah sim?... — retomou a marcha, agora mais apressada, como se caminhasse só, a passos desabridos. Mané Quim tentou explicar enquanto a perseguia:

— Eu não tenho vontade... — ela interrompeu sem desviar os olhos do caminho:

— Tu eras capaz de largar nha Joja pr'aí sozinha? — dentro dela era outro o pensamento. Muito acima de nha Joja e de todos os interesses do namorado estava ela. Ele falou com humildade:

— Eu não disse que ia nem que não ia. Tenho mais vontade de ficar aqui.

Escolástica sabia, todo o mundo sabia que o destino dos filhos de nha Joja era grande. Foram-se safando um a um, sem olhar pra trás. Foram e esqueceram tudo. Escolástica também sabia que ela não era da mesma classe do Mané Quim; não esperava que ele um dia viesse a casar com ela. Mas ninguém estorvava que gostasse dele mesmo assim. Por isso uma nuvem negra se interpôs de repente entre os dois, uma nuvem carregada de raiva e indignação. Aproximavam-se da mangueira. Durante o resto do caminho, depois das últimas palavras proferidas, ela não voltou a levantar a cara para ele uma só vez.

— Não quero nunca mais que olhes pra mim — aconselhou ela andando sempre. Pelo tom da sua voz Mané Quim percebeu que ela falava a sério. Tentou segui-la.

— Quem te disse que eu vou? Quem te disse que eu vou? — mas Escolástica afastara-se quase a correr, o balaio dançando galhofeiramente na cabeça, e as ancas rebolando espalhafatosamente à roda da cintura estreita num arremedo de torno de batuque...

3

Uma codorniz a levantar voo, foi a imagem que Mané Quim fixou quando a Escolástica, ligeira e saltitante, se sumiu atrás das paredes dum velho curral meio desmoronado. Depois o silêncio da tarde voltou de novo a envolvê-lo, mas agora um silêncio denso, opaco e sem remédio. De novo a paz fugiu dele, e em seu lugar ficou-lhe uma sensação de infelicidade e abandono, como se mais um laço se quebrasse e o deixasse à deriva na sua solidão e no seu pânico. Escolástica empurrara-o brutalmente para a realidade.

Pensou que a mãe-Joja poderia arrumar a barafunda que o padrinho provocara na sua cabeça. Do Jack nada tinha a esperar, só mãe-Joja saberia guiá-lo, apontar-lhe o caminho direito. Mas o turbilhão em que o lançara o padrinho projectava-o para fora da sua órbita. Tinha pelo menos que fazer um esforço para se manter dentro do círculo que a almanjarra do seu destino o forçara até hoje a pisar, ou trocar esse círculo familiar por outro maior, muito maior, que ele desconhecia, e onde as responsabilidades não estariam certamente de acordo com a simplicidade e gosto da sua vida. Só a mãe lhe saberia indicar o caminho direito.

E esse estribilho era como um farolzinho que brilhava na confusão do seu espírito.

O casarão erguia-se, mal-encarado e solitário, no extremo da chã sem árvores, onde, havia anos, com a progressiva escassez das chuvas, nem vestígios das antigas levadas existiam. Lá viviam os que restavam da família: ele, a mãe — uma amostra de gente, velha e magrinha, coitada, que só falava do passado, dos seus mortos, de seus filhos ausentes — e o Jack, o irmão mais velho. Por sorte este subira a Bordeira essa madrugada a auxiliar o lavrador dos sequeiros do Norte nos últimos preparativos para as águas. Portanto a mãe estava só em casa. Regozijou-se intimamente com a ausência do irmão.

Jack não disfarçava o seu despeito e o desgosto por verificar a preferência que a mãe tinha pelo Mané Quim. Tal preferência levara Mané Quim, com o tempo, a desfrutar uma posição de chefia no seio da família que lhe feria o brio de irmão mais velho. E ao mesmo tempo que Mané Quim consolidava a posição de orientador dos bens da família, Jack, que considerava isso uma usurpação, embora reconhecendo no irmão codê mais competência e desembaraço, desinteressava-se de tudo, procurava mostrar, de modo ostensivo, que não levava as coisas a sério. Desleixara-se no lar, as suas folgas empregava-as trabalhando a dias nas propriedades dos outros, amealhava uns cobres. Se indagavam a sua opinião qundo esta se tornava necessária, por exemplo quando uma espécie de conselho de família se impunha para os assuntos de interesse geral, meneava a cabeça com impaciência, batia os ombros como se nada tivesse a ver com as questões da casa, levantava-se e saía. Qualquer assunto tratado na sua presença, mesmo os mais simples e corriqueiros, tornava-se difícil e penoso para Mané Quim.

Encontrou a mãe sentada na soleira da porta. Ao lado dela estava a cadeira de lona, no mesmo lugar e na mesma posição em que o pai gostava de a colocar outrora quando vinha repousar na fresquidão do terreiro, ao cair da tarde. Tinham sempre nesses momentos, nha Joja na soleira da porta, o marido na cadeira de

lona, umas conversinhas sussurradas, entremeadas de
silêncios longos. Ele morrera havia dez anos, mas a
cadeira continuou a ser colocada diariamente no mesmo lugar, à mesma hora, para as conversinhas interrom-
pidas.

Miudinha, sumida debaixo do luto carregado, nha
Joja parecia suportar cada vez menos o peso e a inuti-
lidade da vida. Já não podia fazer outra coisa senão
assistir, perplexa, ao rodar dos dias e consumir-se na
evocação do passado, e na saudade dos seus mortos e
dos dois outros filhos ausentes (pois continuava a não
dar crédito ao boato de que o Joãozinho morrera no
mar). Tiago, esse sim, vivia algures. Não interessava
onde fosse. Nha Joja tinha duas cartas dele mas não
sabia soletrar o nome da terra onde ele vivia, e embora lho tivessem pronunciado muitas vezes, era um nome
arrevezado que nada representava para ela. Que os
outros que sabiam o escrevessem nos envelopes das
cartas sem resposta que ela mandava escrever.

Mané Quim sentou-se na cadeira de lona junto dela.
Contou-lhe a conversa que o padrinho tivera com ele.
Ia ganhar um tanto por mês com o padrinho; falou-lhe
na mesada que ficaria a mandar. Passariam uns dias em
São Vicente, conta de o padrinho pôr em ordem uns negócios, e partiriam em seguida para o Brasil. Era uma
terra de muito dinheiro e muita água. Viria em breve
matar as saudades e levaria, se quisessem, a mãe Joja
e o Jack consigo. Falou como se não tivesse nada que
ver com a história. Descarregava tudo para a mãe. Não
era nada com ele. Por enquanto trazia a opinião do padrinho. Era uma carga que ele nem se dava ao trabalho de sopesar. Diante da mãe ele não tinha conflitos.
Ela tomaria o encargo de lhe substituir uma opinião por
outra melhor. Era assunto que transcendia o seu raio de
acção. Não se tratava dos sequeiros do Norte, nem do
Ribeirãozinho, nem de semear, regar, colher, comprar e
vender, ou negociar os produtos das propriedades.
A mãe que substituísse uma opinião por outra, e que
lhe mostrasse o melhor caminho.

Nha Joja ouviu calada. Só esfregava as mãos uma
nas costas da outra, toda encolhida e de cabeça pendi-

da como se o frio lhe penetrasse os ossos. «Assim é que eles são, assim é que eles são», ia pensando.

Mas Mané Quim não viu naquele quebranto senão a resignação do costume, aquele jeito a que ela se habituara ultimamente de pôr na mão de Deus o destino das coisas. Sentiu o próprio desamparo em face da resignação fechada e egoísta da mãe, mas avaliou também, num repente, o desamparo daquele pobre corpo em ruína. Lembrou-se dos dois irmãos que partiram, cada um na sua hora, depois que o pai se finara. O mais novo, o Joãozinho, correra a notícia de que tinha morrido no mar. O outro, o Tiago, queixara-se, na última carta, da sua pouca sorte; andava ansioso por voltar à terra mas faltavam-lhe recursos para empreender a viagem do regresso. Lá onde andava vivia mal, ganhava pouco, penava de saudade. A mãe levou o polegar ao queixo, uma, duas vezes. Ela tinha um sinal no canto interior do olho direito, um grande nevo preto do tamanho de uma ervilha que subia e descia consoante batia as pálpebras. Uma lágrima abeirava-se dele, espreitava para baixo um instante, e deslizava por um sulco profundo até ao queixo. Para não molhar o mandrião levava o polegar ao queixo e sacudia a lágrima para o lado. Outras lágrimas faziam o mesmo trajecto. Tantas lágrimas tinham deslizado pela face que formaram aquela ruga vertical, singularmente dolorosa — como a água das chuvas cavando ribeiro, deixando a sua marca na fisionomia da paisagem.

Só muito depois de o filho terminar é que ela pareceu acordar. Levantou a cabeça e pôs os olhos nele.

— Está nas tuas mãos — disse. — Se quiseres ir vai. Assim como assim não posso estorvar o destino de cada um. — Depois acrescentou numa toada de ladainha: — Joãozinho foi e nunca mais eu soube dele. Tiago escreveu duas cartas só, e não está passando sabe pra lá, não está passando sabe. Agora és tu. Eu não posso estorvar. Deus Nossenhor te proteja, e não vás esquecer de mim c'ma Joãozinho e Tiago.

Isso só. Não era o que Mané Quim queria. Esperava que a mãe lhe desse ânimo, lhe esclarecesse a ideia, lhe mostrasse o melhor caminho como ela costumava fazer nos assuntos de fora de portas.

— Se eu pudesse explorar a nascente do Ribeirãozinho... — foi um pensamento que lhe papiou na língua quase sem ele dar por isso.

— Destino d'ocês todos é andar... — ciciou nha Joja. Não havia nem surpresa nem revolta na sua alma. Era uma espécie de renúncia e ressentimento, e era a resignação. Mas o filho atalhou:

— Não gostava de ir nada com o padrinho.

— Segue o teu destino — aconselhou então a mãe.

— Destino d'ocês é andar — repetiu. — Pra nós, aqui a vida acabou fep. Se eu fosse a ti andava também como andaram os outros. É caminho de cada qual.

Era a hora cinzenta do desamparinho. A tarde não havia morrido de todo, mas as montanhas estavam negras e esquecidas e os grilos começavam a cantar por entre as pedras.

Como que mudando de assunto, Mané Quim disse:

— Ouvi dizer que nhô João Joana está na Ribeira das Patas.

— Aquele homem é uma disgrácia.

— Sabe o que estou a pensar?

— Que queres dizer, Quim?

Mané Quim não insistiu. Tinha a cabeça a andar à volta como uma bexiga de porco suspensa no ar. Levantou-se:

— Vou por aí arriba...

— Por que não jantas primeiro?

— Não. Volto já.

— Mas onde é que vais agora? Onde é que tu vais? — Mané Quim saiu sem responder.

Nha Joja continuou sentada na soleira da porta. Quando o filho transpôs a cancela do terreiro, virou-se para a cadeira e murmurou: «Ocê vê, Jaime? Destino deles é andar. Vão um a um. Agora é Quim. Cada qual pro seu lado e na sua hora. Qualquer dia é Jack. Fico só com ocê depois. Fico mais perto dos seus mortos que dos meus vivos.» A figura sentada na cadeira, uma sombra cheia de ternura, sorriu, estendeu a mão para ela num jeito de abençoar, e desvaneceu-se em seguida como se esse movimento lhe quebrasse o encanto. Então nha Joja levantou-se, foi à cozinha a ver se a cachupa já estava apurada. Encontrou o lume apagado e o caldeirão arrefecido. Passou a boca-da-noite vasculhando pelos cantos, à cata dos fósforos perdidos.

*
* *

— Falei com o meu afilhado — disse Joquinha quando, findos os trabalhos do dia, André entrou em casa limpando o rosto na manga da camisa.

— Sim — fez André. André era pão-pão queijo-queijo, homem de pouca discussão. Media as palavras e media os gestos. Tudo o que fazia era bem feito, porque se baseava em factos só, em experiências — e as palavras saíam-lhe da boca como enxada cavando a terra ou machado derrubando a árvore. Armado assim de factos concretos, ninguém ousava sofismar ao alcance dos seus ouvidos, não se podia dizer àquele homem que a enxada não fora feita para cavar a terra nem o machado para rachar lenha ou derrubar árvores, e que uma vez derrubada a árvore e cavada a terra se deveria cavar de novo a mesma terra e derrubar a mesma árvore. O que ele dizia era da medida do que fazia — e o que fazia estava certo. Talvez por isso é que achava certo o que estava certo, errado o que estava errado, e pronto. O resto era o homem construído do feitio da sua vida.

— Se está nas nossas mãos servirmos um ao outro — continuou Joquinha —, não vejo razões para eu não o levar, e ele para não ir comigo, ahn?

— Certo. Certíssimo — respondeu André. A voz era baixa mas possuía profunda e clara ressonância, como se o seu peito fosse de granito, no interior do qual todo e qualquer ruído tivesse uma significação absoluta.

4

Apareceu essa mesma tarde na Ribeira das Patas. Instalou-se na propriedade das Rochas que adquirira recentemente. A propriedade tinha uma casinha de oitão, sem reboco, duma peça só com divisória de esteirado e pavimento de terra calcada. Raparigas que regressavam do Porto Novo trouxeram-lhe as cobertas e o catre. Ele mesmo transportou o mantimento numa sacola de linho: milho, um pouco de toucinho, bolachas fabricadas em S. Vicente. A mulher do lavrador trataria do resto.

De fala mansa e maneiras sossegadas, o bigode caía--lhe sobre os beiços, farto e pesado, puxando-lhe a fisionomia para baixo. Os olhos sumiam-se, desconfiados, protegidos pelas espessas sobrancelhas grisalhas. Tinha um ar infeliz de homem solitário e perseguido. Na solidão da sua alma habituara-se a não acreditar nas conversas de ninguém. Cada palavra de quem dele se aproximava trazia o perigo duma emboscada. A sua filosofia resumia-se nisto: «O mundo o que quer é dinheiro.»

A notícia da sua chegada correu célere. Era a hora do recolher dos trabalhadores e pastorzinhos com vacas, carneiros ou cabras, e do regresso das raparigas tagarelas do Porto. Soube-se em toda a Ribeira das Patas que nhô João Joana estava nas Rochas — propriedade que o pobre de nhô Álvaro lhe passara por conta das dívidas.

A presença de João Joana fazia a todo o mundo sonhar com dinheiro. As sílabas do seu nome tilintavam como moedas, tiravam o sono a muita gente. Para uns ele era a salvação, o enviado da Providência. Para outros de juízo assentado, era a perdição, a sombra ruim, o demónio disfarçado entre as criaturas. Enfim, motivo de angústia para uns e para outros. Havia dois anos que não punha os pés na Ribeira das Patas, e era a primeira vez que visitava as Rochas desde que a propriedade passara para seu nome. Veio «expressar razões» com uns compadres — tratou de explicar logo o lavrador; além disso precisava passar os olhos por esse pedaço de terra ruim e avaliar direitamente o seu valor. «Foi uma topada este negócio, ó meu Deus!» (Tinha Deus na boca a toda a hora.) «Não sei como vai ser», reforçou entredentes mas de modo a ser escutado pelo Pascoal, o lavrador, ao mesmo tempo que relampejava um olhar circular, batendo a cabeça com desdém e desgosto. Mas Pascoal era matreiro, sabia da mania de nhô João Joana em fazer crer aos outros que era ele sempre o sacrificado nos negócios que fechava, o bode expiatório dos desbaratos de cada qual. Verdade é que o usurário lamuriava com tanta seriedade e convicção que muitos, por fim, acabavam acreditando na sinceridade de seus dizeres. Mas uma grande parte fingia acreditar — era um modo de jogar trunfo contra trunfo. Porque João Joana era um homem poderoso.

De mãos nas costas, a queixada caída e aquele jeito sorumbático e resignado de mártir, o Pascoal no coice matraqueando opiniões, João Joana rondou a casa de paredes sólidas e pedras novas, acocorando-se amiúde meio míope meio desconfiado, deu um giro demorado pelas plantações, observou pilares e regos e levadas — as bananeiras pediam água, os cafeeiros pediam água, os feijoeiros pediam água —, disparou uma olhadela furtiva em direcção à nascente — havia de lá ir no dia seguinte, pois ficava para lá doutra trincha de regadio do Álvaro onde as plantas, diga-se de passagem, estavam mais bem regadas e viçosas.

Tinha a tristeza pintada no rosto quando voltou ao terreiro. Encargos e mais encargos era o que dava o andar pr'aí esbanjando as economias, emprestando a torto e a direito... Na verdade as Rochas foram avaliadas por dois compadres de confiança; o negócio, «cá para nós», não tinha sido de todo mauzinho — João Joana não era homem para transaccionar à toa, não. Mas isso era assunto particular que não importava a ninguém. Negócios são negócios, cada qual sabe das linhas com que cose: e uma coisa é o que é e outra é o que parece ser...

A história de sempre. Não a escondia a ninguém, porque no tocante a empréstimos o segredo vai até um certo limite. Desse limite em diante deve, necessariamente, entrar no domínio público. É o que João Joana pensava, e tinha carradas de razão. O desleixado do Álvaro começara por pedir-lhe quatrocentos mil-réis. (Estava tudo apontado, podia rezar as datas todas, tintim-por-tintim, pois de tanto ler e reler e discutir o assunto, sabia a ladainha de cor.) Tempos depois, sem pagar tostão sequer, voltou à carga: mais duzentos mil--réis — ao todo seiscentos. Já lá iam sete anos certos, e durante todo esse tempo nem uma pitada! Ora (as contas de João Joana eram transparentes — pura e honesta tabuada): sete anos e sessenta mil-réis de juros mensais, sessenta vezes doze igual a setecentos e vinte e cinco (os cinco escudos destinavam-se a despesas) vezes sete, igual a cinco contos e setenta e cinco, mais seiscentos somavam «salvo erro e omissão» cinco contos seiscentos e setenta e cinco mil-réis, nem mais nem menos... Desprezara por pura generosidade — esse gesto precisava de ser bem frisado — os juros rendidos entre o primeiro e o segundo empréstimo, e, para efeito dos juros totais, começara as contas da data do segundo empréstimo para cá. Note-se, podia «perfeitissimamente», como aliás é hábito de todo aquele que empresta o seu rico dinheiro, calcular os juros progressivos, juros de juros, como todos muito bem sabiam.

Justiça fosse feita, dera de barato a essa ninharia, gesto que comoveu a muita gente. Fora bastante compassivo com o Álvaro; para algo serviam as amizades antigas. Bem, «temos então» cinco contos seiscentos e setenta e cinco mil-réis. A propriedade das Rochas, levando em consideração os cálculos dos compadres, valeria seus dez contos quando muito. Se encontrasse quem lhe desse oito contos por ela já era sorte. Mas lá tinha as suas ideias. Alcunhavam-no de ladrão, malvado, alma penada, o que lhes vinha ao bico. Sabia o que se passava nas suas costas. Tinha-as largas, graças a Deus. Gostava só que lhe dissessem quem era mais ladrão: se ele, que abria a bolsa a todo o bicho-careta que lhe batia ao ferrolho nos momentos de atrapalhação, se aqueles que lhe levavam as ricas economias e só lhe pagavam as dívidas forçados pela lei — sim, porque João Joana tinha sempre a lei por ele. Que lhe importavam os intriguistas, os impostores, os mal-agradecidos, mais as opiniões a seu respeito? Que lhe pagassem as dívidas, fossem depois para o inferno. Era com eles...

Antes de descansar os ossos moídos pela longa jornada, teve demorada conversa com o lavrador das Rochas. Pascoal conhecia a Ribeira das Patas, como aos dedos das suas mãos. Estava bem informado quanto ao valor das terras, ao estado das propriedades, à situação financeira dos respectivos proprietários. Falava mastigando a língua nos dentes, levando-a duma bochecha para a outra como um bolo doce. Havia bastante falta de dinheiro, sim senhor, ocê fique sabendo. Mas isso não era novidade para João Joana:

— Q'ando é que teve dinheiro na Ribeira das Patas, ahn?, dinheiro cantado direito na palma da mão? — atalhou deitando ao lavrador um olhar luminoso de vitória e desdém por entre a espessura dos supercílios.

Pascoal era como surdo e cego, falava e falava. Sabia encaminhar as coisas. Ficasse sabendo nhô João. Agora tava pior do que nunca. «Não canta disto», esfregava o polegar no indicador, «por estas bandas, nem nos donos mais folgados, ná senhor. Mas terras de fazer criar água no bico a qualquer entendido, não há noutras ribeiras da ilha.» As chuvas demoravam-se mas não falta-

vam sinais. Lunário de nhô Vital, afiançava. E este ventinho malandro a rolar de riba pra baixo, a querer virar
pra oeste, a zunir de vez em quando no cocoruto da
Bordeira, é sinalzinho das águas. Não é preciso ser
doutor pra saber. As terras das Rochas, afirmou Pascoal
com veemência, eram das melhores da Ribeira. Água tinha em *barra*, só precisava de cuidados. Com dinheiro
para trabalhar seria um tal dar comida! Nhô Álvaro coitado, não tinha com quê, já não podia com os ossos.
Deixara a grama entrar, e o lavrador não podia sozinho
dar vencimento. O chão embrabecera, o lavrador precisava agora uma ajudinha. Coitado de nhô Álvaro, andava desorientado com as dívidas — tem homens assim,
só vivem bem devendo os cabelos da cabeça — e agora
então, caiu, rasinho (Pascoal passou a mão imitando
rasoira). «Só sabe dobrar os joelhos e pedir a Deus.» Sim
senhor, ficasse certo; terra das melhores. «Ocê já viu
bananeira dar tronco a tronco assim?», rosnou entusias-
mado, entrelaçando os dez dedos para mostrar ao novo
proprietário como as bananeiras produziam nas Rochas.
«Isto nas mãos de nhô João Joana é despensa farta. Eu
sou homem de trabalho, e com uma ajudinha d'ocê...»
O rosto de João Joana ensombrou-se de amargura, os
beiços sumiram-se debaixo do bigode. Meu Deus, neste mundo é tudo aldrabice e aldrabice. Não deixou o
homem falar mais. Os lavradores não o enganavam. As
palavras mansas coavam-se através dos bastos pêlos
grisalhos. Não precisava que ninguém lhe ensinasse o
que era terra. Acostumara-se a ter boas propriedades nas
mãos. Estava farto de batatas, mandiocas, canas e
grogues. Seu dinheiro andava nas mãos de homens sem
consciência e dignidade. Ele que se lixasse com mèradas
que ninguém comprava. Os lucros eram só no papel.
Mas Pascoal puxava o gatilho sem ouvir as queixas do
usurário. Pôs um pouco de mel na voz. Digo ocê... Nhô
Sansão queixava-se da falta de dinheiro. Um homem
rico de terras. Precisava de sementeira este ano, queria
trabalhar os sequeiros do Norte e não sei quê mais.
Pascoal procurava captar a confiança desse homem poderoso e endinheirado, mas o homem tinha suas sabi-
dezas.

— Nhô Sansão? Ahn — os olhos do homem tiveram novo brilho. Cá está um bandalho com um mundo de terras boas desprezadas. João Joana rodou nos calcanhares, entrou para dentro, cabisbaixo, as mãos atrás das costas. Sansão era dos que deviam os cabelos da cabeça, mas se lhe viesse pedir uma quantiazinha não lha negaria. Sabia que Sansão não ia trabalhar nada com o dinheiro, mas não lhe interessava. O destino neste mundo era para uns: pedir — para os outros: dar. Sansão e ele representavam as duas faces desse destino. A toda a hora tinham de cair nos braços um do outro. Conhecia muito bem as propriedades do Sansão. Parou no meio da casa, ficou olhando o tecto donde pendiam teias de aranha enegrecidas.

Nessa mesma tarde, ainda João Joana não se tinha encostado um momento sequer para descansar da jornada, ao desamparinho da boca-da-noite, o cavalo de Sansão com Sansão na cela foi visto dobrando o atalho que ia ter às Rochas. O atalho fazia uma pequena descida suave e terminava numa curta subida junto da casa. O cavalo era ensinado. Fez um galope de meia dúzia de passos e parou com o focinho encostado ao portal do terreiro. De pé, junto da porta, o usurário e Mané Quim conversavam...

5

Era noite ainda, mas as estrelas empalideciam para as bandas do nascente, sobre o Canal. O Canal ficava para lá das montanhas. Sem relevo, como cartões de cenário lúdico talhados à faca, as montanhas circulavam à roda do vale, negras e pontiagudas, barrando o horizonte.

Pela chã envolta em negrume, ao redor da casinha desaguada construída à beira do caminho com um estreito terreiro de braça de fundo, os grilos e as escolopendras faziam uma azoada de ensurdecer. Na obscuridade do compartimento exíguo, entre as quatro paredes de pedra e barro, Escolástica movia-se com presteza dum lado para outro, acocorava-se nos recantos escuros, trazia objectos invisíveis, abria e fechava o gavetão da mesa, metia o que tinha a meter nos balaios, fazia tudo a correr e com a precisão de quem sabe onde cada coisa se encontra. A vela de purgueira, em equilíbrio num graveto espetado no interstício da parede, junto da janelinha das arrecadações, espalhava uma claridade suja e espessa. A chama fumava agarrando-se penosamente aos rebordos do morrão.

Com a mira de acordar cedo e também um pouco

por calaçaria (porque a cena da tarde com o Mané Quim lhe tinha esfriado o entusiasmo para o trabalho essa boca-de-noite), deitara-se logo a seguir ao jantar, a bem dizer com as galinhas, deixando alguma coisa por fazer. Mas passara horas rolando sob as cobertas, aquele moço sempre diante dos olhos virasse para onde virasse a cara, e só veio a pegar no sono noite alta. Se a mãe não a empurrasse esta madrugada, com grande bulha, do esteirado de cancarã, estaria ainda dormindo com certeza. Mas o balaio grande já quase transbordava de feijão-verde e mangas — mangas da terra verdachas e tenras, e mangas estrangeiras amarelas e vermelhas de polpa linhosa. Fez uma cama entre as mangas onde ajeitou a sarraia contendo os doze queijos frescos de cabra, cobriu tudo com folhas de bananeira. Depois enfiou nos rebordos tiras de carrapate cruzadas sobre as folhas para defesa contra os ventos desabridos da estrada do Porto Novo. O balaio pequeno continha duas dúzias de ovos, alguns sabões de purgueira, redondos e envolvidos de cinza, e um molho de velas também de purgueira, moles e mais grossas que charutos.

Nha Totona, de pé, apoiada à soleira da porta, deitou uma olhadela para o céu. Esguia na longa saia arrastadeira e no mandrião de muito pano caindo dos ombros como bandeira coçada, chupava sem cessar no canhoto de pau carcomido, fazendo com os beiços um ruído áspero de chibarra a mamar — pf, pf...

— Menina, ocês hoje vão com sol quente, pf, pf... Não te digo mais nada. (Era a ameaça de costume; uma surra de vara de marmelo.)

— Por que ocê não me chamou mais cedo? — protestou a Escolástica intimidada, sem interromper os mandados. Inda tenho de descer ao ribeiro para tomar banho, não sei como vai ser.

Nha Totona fervia com qualquer lume. Levantou as mãos descarnadas numa grande aflição, a voz sufocou-se-lhe na garganta; virava fanhosa quando se exaltava:

— Sai diante de mim, sai, pf, pf, pf. Vai a correr, desavergonhada, vai a correr, já — o corpo desengonçado saracoteou como espantalho ao vento. Mas foi uma rajada. Ficou ofegante, as veias entumecidas no pescoço, os olhos injectados de sangue. Durante uns momentos olhou espantada para a filha sem deixar de chupar furiosamente no pipo gasto e entupido de melaço de nicotina. Depois dirigiu-se para a vela, arrancou o morrão, arremessou-o contra a parede com raiva. A chama cresceu quase meio palmo, vermelhusca, envolta em espesso fumo. Sombras baças dançaram nas paredes enegrecidas e no chão de terra batida.

— Uá! — fez ela virando a cabeça e dando de cara com a filha. Tás aqui ainda, desavergonhada?! — a vara de marmelo estava-lhe ao alcance da mão junto da janelinha. Brandiu-a com espalhafato: — Queres açoite esta pla-manhã, é o que tás a pedir.

Escolástica não sentiu um medo por aí além. Os gritos da mãe deixavam-na habitualmente assarapantada, mas sabia quando a vara descia e quando não descia. Abriu a bolsa de comida-de-caminho, deitou uma mirada rápida e atabalhoada à papa-rolão e às talhadas de mandioca cozida, tornou a amarrar a boca da mesma com barbante, colocando-a no balaio grande entre as tiras cruzadas de carrapate. Suspendeu o balaio pequeno pela alça com o indicador, para lhe tomar o peso, poisando-o em seguida junto da bolsa. Feito isso agarrou o buli de cabaça, um bulizinho polido e bonito com a forma de oito, pegou de fugida um pano encardido de sobre a tarimba e o sabão de purgueira que esgaravatara dum buraco da parede, e saiu porta fora como um pé-de-vento. Nha Totona escutou os passos da filha a afastar-se quase em corrida. «Se não me tens de riba de ti não fazes nada consoante», resmungou de mau humor. O canhoto fez fut-fut e não ardeu. Encostou-o à chama da vela que de novo amorrinhava com o morrão na ponta — um morrão quase tão grosso como a vela e que parecia marinhar irrompendo da base mais veloz ainda do que olho de bananeira de pé d'água —, chupou, chupou, cuspiu o melaço de nicotina, depois assoprou a chama, e as trevas envolveram-na. Ali mesmo onde estava acocorou-se como galinha no choco. Era o jeito dela. As mãos coçaram, coçaram, exploraram o corpo todo, por cima e por baixo, como dois pintos sonolentos e mudos. Agachou-as debaixo das axilas mornas, aconchegou-as maternalmente, encolheu a cabeça e adormeceu...

O atalho mais curto da margem do ribeiro era resvaladiço, traiçoeiro, descia quase a prumo, as pedras mal seguras fugiam debaixo dos pés, rolavam até ao parapeito de granito e eram projectadas no espaço a cinco ou seis metros acima do lajedo do leito. Só pés descalços e experimentados andam lá. Era um recurso extremo de quem tinha pressa, de quem dispunha duma firme leveza de pés, e do instinto caprino de andar na rocha. Escolástica possuía esse instinto e essa leveza, e tinha a vantagem sobre qualquer outro mortal de conhecer o caminho de cor. Depois de algumas voltas de curvas apertadas o atalho seguia ao longo e à beira do parapeito descendo a pino por uma estreita garganta aberta na rocha viva pela erosão, tão estreita que para a transpor os pés e as mãos tinham de se apoiar nas paredes laterais e deixar-se escorregar para baixo, até ao leito do ribeiro. Escolástica tomou por esse atalho, caminhou às cegas mas segura de si. Vinha do fundo uma aragem fria envolta em um silêncio gelado; a obscuridade era densa, o frio revérbero das estrelas não chegava lá, e a aragem flutuava tão de leve que não acordava o sono nocturno das árvores. Escolástica parou, tomou fôlego, uma indefinível angústia apoderou-se dela. Aguçou a atenção até ouvir o tilintar fino de água caindo algures e que chegou aos seus ouvidos como um linguarar amigo, tranquilizador e confidencial. Quando retomou a descida, uma pedra em que inadvertidamente se apoiara fugiu-lhe das mãos levando outras atrás de si e provocando um estardalhaço de arrepiar os cabelos. Os ecos embateram contra a margem oposta virando-se para trás como ondas de ressaca ameaçadoras.

Não, não era medo o que ela sentia. Era uma espécie de excitação. Excitação talvez a confundir-se com medo, uma angústia difícil de explicar. Ou medo, quem sabe, de qualquer coisa diferente que ela desconhecia ainda, mas que não tinha relação directa com o escuro e o mistério nocturno das árvores do ribeiro. Talvez nem uma coisa nem outra, e tal impressão não passasse de cansaço e nervos. Arregalou os olhos e continuou a descer. De qualquer modo tinha de despachar com o banho porque a jornada até ao Porto Novo era caminho grande e o céu já mostrava manchas de madrugada nascente. Sentia-se fatigada, dormira mal — coisa que nunca lhe sucedera na vida — mas confiava nas pernas rijas. E tinha a Joaninha com ela.

Ah!, gostava das longas jornadas ao lado da amiga palradeira! Não dava pelas léguas que ia deitando para trás, ouvindo a filha de nh'Ana linguarar. Enquanto palmilhavam os intermináveis caminhos da ilha, sentia-se livre, sem preocupações, livre como as cabras soltas no campo; se lhe desse na veneta descansava uns momentos às sombras das árvores ou dos penhascos, bebia um gole de água do buli amarrado à cinta, mastigava um naco de comida-de-caminho; não estava a mãe sobre ela espiando, repreendendo, matraqueando as queixadas ou lombando nela com a vara de marmelo. Como era sabe ser livre por umas horas! De sol a sol, por estradas e atalhos, pelas ribeiras arborizadas, pelas planícies intermináveis, pelos planaltos escalvados! Não se importava de caminhar o dia inteiro com o balaio cheio à cabeça. Era quando a alma se lhe tornava mais leve, e o coração tuc-tuc no peito cantava de alegria. Quando chegava ao destino, o que tinha a fazer, fazia depressa. As companheiras diziam: «Senta um bocadinho, menina. Quem não tem paciência não terá filho branco.» Não parava a pasmar diante das prateleiras das lojas do Porto como gostavam de fazer as outras, embora se sentisse atraída e fascinada pelas coisas bonitas que ali via, lenços berrantes, berloques, figas, missangas variadas, lindos rosários de continhas prateadas e doiradas, fitas coloridas e brilhantes, fazendas de todas as cores, espelhinhos de vários tamanhos. Nunca se demorava lá. Forçava as suas companheiras a regressarem cedo, ficavam furiosas às vezes. A rebentação das ondas do mar, a balbúrdia de gente, o trote das alimárias na rua larga, o bulício do cais, atordoavam-na, sentia-se deslocada. Intimidavam-na as chocarrices dos rapazes atrevidos; a Joaninha punha as mãos nas ilhargas, desafiava-os, tinha sempre respostas prontas para os rapazes do Porto.

Sentia-se fatigada esta pela-manhã. «Aquele moço vai com certeza.» Toda a noite pensara nele. Teve-o sempre plantado nos olhos enquanto a insónia a moía. E de tal maneira ele teimou, como feiticeiro amarrado, indo e vindo na sua ideia, que chegou a recear que a mãe, acordando, o surpreendesse ali. Uma tontice, como se a sua ideia fosse um espelho e a mãe pudesse ver nele. «Os homens não param num lugar», repisava Escolástica de si para si, enquanto, apoiando-se nas mãos e nos pés, resvalava pela estreita garganta. Ora estão aqui, ora estão acolá, como se tivessem todos nagóia nos pés. Mas não estão bem nem aqui nem acolá, porque não tomam afeição a nada e a ninguém. Joaninha é que fazia bem não querendo saber de homem para coisa nenhuma. «Calé homem calé nada», dizia ela alongando o beiço inferior com desprezo. Deslizou com ligeireza, balanceou o corpo e saltou para o leito. Seu coração era um tacho onde a raiva fervia. Por que saiu a nha Totona: gostava das pessoas com raiva. Não sabia o que era amor. Nunca usou dizer essa palavra, nem precisava dela. Era uma palavra maluca e pretensiosa, sem significado para ela. Mas sabia o que era gostar com raiva, porque ela saiu à mãe; quando gostava, gostava com raiva. Que vontade de rolar no chão e chorar aos berros, como mulher cangada de espírito e que perdesse o siso!

A madrugada clareava a olhos vistos, e o Tope da Cávea, enorme e bojudo, de chapa contra o nascente, não era já nenhum mistério. Escolástica embrenhou-se entre altos pés de inhames vermelhos, abrindo caminho com as mãos através das largas folhas orvalhadas que lhe batiam no rosto. A cachoeira ficava pouco mais acima, escondida entre pedregulhos lisos e inhames espalmados. A água despenhava-se dum penedo limoso cortado a prumo sobre uma concavidade aberta na lájea de granito, tão larga e tão funda como uma celha de tonel. Um fio de água contornava a lájea pelo fundo do álveo, aparecendo e desaparecendo entre agriões e hortelãs-pimenta. O silêncio e a obscuridade dormiam ainda ali. Escolástica parou junto da cachoeira, olhou para todos os lados, como animal bravio antes de se decidir a beber.

Poisou no chão junto do veio de água o buli, o lençol e, sobre este, o sabão. Ficou uns minutos parada sem se decidir. Apurou os ouvidos, relançou outra mirada à volta. As bananeiras a poucos passos de distância enlaçavam-se as folhas como criaturas humanas apoiadas umas nas outras, dormindo em pé. Os inhames gigantes irrompiam da terra húmida como mãos famintas e misteriosas de dedos crispados e ameaçadores. Um pardaleco soltou um pipilo em qualquer parte, sonhando talvez. Ah!, mas era um sinal de vida, ao menos. A aragem vinha leve, fresca, ao longo do leito do ribeiro, roçando sem ruído as margens abruptas. Aos poucos a madrugada desvanecia-se no céu.

A saia desprendeu-se, deslizou para o chão. Uma a uma as peças de vestuário amontoaram-se aos seus pés. Nua e trémula correu para o depósito de pedra. Acocorou-se, chapinhou, deu dois mergulhos rápidos de pardal apressado. Depois ensaboou-se até ficar lisa como peixe. Tinha mãos ásperas e calosas de homem, como se não fossem dela, como se fossem mãos trocadas. Recebeu de pé a água fria que caía do penhasco. Alçou os braços e com as mãos calosas coladas à pele levou a água limpa a todos os recantos do corpo. As mãos passaram, repassaram; os dedos, dedos ásperos — grossos dedos calosos de homem — violentavam-na; arrancaram palpitações que a percorreram toda como as ondulações concêntricas que os bruscos toques das caudas das libélulas produzem aqui e ali na superfície dum charco aparentemente adormecido.

Abandonou o depósito, envolveu-se, frienta, no lençol; acocorou-se batendo os queixos. A aragem que até então deslizara imperceptivelmente num delicioso vagabundeio transformou-se num súbito pé-de-vento, sarabandeou, tomou uma qualidade táctil de abraço gelado envolvendo-a; as figueiras-bravas sacudiram os ramos e soltaram algumas folhas; as bananeiras despertaram do seu sono em pé, e os inhames agitaram no ar as monstruosas mãos espalmadas. Mas após a queda das folhas, e um breve murmurinho de galhos batidos, a ordem restabeleceu-se e o silêncio voltou de novo.

Foi quando um guincho, uma voz aguda e metálica, ressoou vindo das bandas do bananal. Escolástica descobriu a cabeça, apurou os ouvidos, perscrutou, com os olhos fixos nas bananeiras, para lá das quais as sombras se adensavam. No silêncio opaco que nesse momento envolveu o recinto e que nem mesmo o cair da água da cachoeira lograva penetrar, o grunhido desesperado prolongou-se nas trevas como se fosse a voz da terra que, aflitivamente, se metamorfoseasse em bicho ou gente e ganhasse a consciência da dor e o dom do queixume e da revolta. Desamparada na sua nudez, o medo apoderou-se da Escolástica. Medo de homem. Assim nua e fácil presa, esse era o único medo real que lhe podia ocorrer nesse momento. O pânico levou-a de corrida para o vão dum penedo onde se refugiou. Escutou com ansiedade durante uns segundos, que lhe pareceram horas, aquele grito sufocado de quem tivesse a garganta apertada por mãos brutais. A garganta pareceu ceder por fim à pressão dos dedos assassinos.

Ah! Cruzou os braços ao peito, soltou uma risada histérica de alívio. O eco da sua voz empurrou para longe o pânico e a desorientação que a empolgaram. Não era gente, não era homem. No entanto, no seu peito ansioso, um soluço não chegou a libertar-se. Conhecia bem esses grunhidos de dor. Jesus Cristo!, não era homem, não. A primeira vez que ouvira isso, uma tardinha, havia anos, fugira a bom fugir como que perseguida por gongon. Era afinal uma bananeira parindo. Ah!, uma bananeira parindo! As bananeiras gemem de parto como as mulheres. Soltam gritos de dor também quando deitam filhos ao mundo. Pôs-se a enxugar o corpo nervosamente, esfregando o pano com frenesi. Sentia a aspereza dos dedos através do lençol. Os bicos dos seios, ao contacto das suas mãos masculinas, começaram a palpitar, tornaram-se sensíveis e dolorosos como duas feridas abertas...

Decidiu-se enfim a abandonar o esconderijo — a mãe já devia estar inquieta com a sua demora —, mas ao dar o primeiro passo sentiu que alguém lhe puxava o lençol; o que quer, ou quem quer que fosse, agarra-ra com tanta segurança e de modo tão inesperado e firme que ela se desequilibrou e teve de apoiar-se com ambas as mãos no rebordo do penedo para não cair. Com o fôlego tomado, trémula e fora de si, pegou a ponta do lençol, fez força, debateu-se debilmente agar-rada ao pano; este era retido na outra extremidade, sem violência, mas com a mesma implacável pertinácia e tenacidade com que o pescador de moreia sustém a li-nha. Sentiu-se incapaz, submissa, sem um fio de ener-gia para resistir; só pôde dizer com a humildade de quem já cedeu o corpo ao destino: «O quê! Deixa-me, por favor!» Mas ao virar o rosto, mais lúcida e acalma-da pela certeza infalível do que lhe estava reservado, ve-rificou que a ponta do lençol se achava presa aos ramos espinhosos da uva-de-macaco suspensos do penedo. As pernas vergaram-se-lhe, ajoelhou-se sobre as pedras, poisou o rosto nas mãos, apoiou estas no rebordo do penedo; conseguiu dominar-se e não desmaiou. Quan-do o coração serenou, levantou-se, desprendeu o len-çol dos espinhos da trepadeira. Experimentou uma sensação mista de alívio, decepção e frustração. Vestiu--se atabalhoadamente. No céu a tinta suja da madruga-da diluía-se, e as estrelas desvaneciam-se uma a uma. Farrapos de nuvens deslizando para o Sul tomavam le-ves tons róseos. Já podia distinguir a nuvem esverdeada e viscosa agarrada aos contrafortes do Alto Mira como um imenso escarro. Passou o pente pelo cabelo áspe-ro. Amarrou o lenço, deu o laço no topo da cabeça. Embrulhou o sabão na ponta do lençol, pegou o buli e acocorou-se junto da água corrente.

Nitidamente, sem engano possível, ouviu pisar erva seca no bananal. Tinha a calma suficiente para, nesse momento, não se enganar. «Agora era certo. Fatalmente certo», pensou. Passos firmes de homem aproximavam--se. Mergulhou a cabaça na corrente. O gargalo era es-treito, a água entrava com um glu-glu lento, cantante e descuidado. Podia correr, levar o buli sem encher — en-contraria muitas levadas no caminho com água limpa de nascente. Mas não se mexeu; sentia-se estranhamente calma agora. Preparada para o que desse e viesse. Os passos aproximaram-se mais ainda, deviam estar nesse momento a quatro ou cinco braças. A pessoa parou um instante, retomou a marcha mais lentamente. Escolástica não virou o rosto para identificá-lo. Já de antemão sabia quem era, como se tivesse havido uma combinação; como se o destino tivesse determinado e ordenado aquilo, e ela aceitando o veredicto de boa vontade e com resignação. Nessa altura a bananeira renovou os guinchos de dor, no seu estertor de parturiente. «Foi para isso que as bananeiras vieram ao mundo; parir filhos», pensou Escolástica. As mulheres também. Nenhum obstáculo, nem as más-línguas, nem o medo das consequências, nem mesmo a vara de marmelo poderiam estorvar. Uma ansiosa opressão e uma calma determinação, quase uma fatalidade, desceram sobre o espírito da filha de nha Totona, penetraram a sua carne e o seu sangue. E todo o corpo lhe vibrou como corda retesada que dedos do destino tangessem.

Quando se levantou Mané Quim estava ao seu lado.

Joaninha aproximou-se da porta. O balaio de cariçó solidamente assentado na cabeça, um balaião de quase o tamanho dum chiqueiro de porco, chocou rijo contra a ombreira. O ruído que produziu, dum molhe de lenha seca que se esfrangalhasse, e o brado que ela soltou: «Eh Escolástica! Eh rapariga!», fizeram nha Totona despertar assarapantada.

— Credo menina, credo! Ocês põem a gente o sprito alvoroçado. — Desacocorou-se cheia de cãibras, gemeu ui, ui, ui!, mas reparando que trazia os beiços desarmados, já não tinha jeito de falar sem aquele trambolho entre os queixais, abaixou-se de novo, muito à pressa, esquadrinhou o chão com ambas as mãos até pegar o canhoto. A voz de Joaninha era poderosa:

— Eh nha Totona, bom dia, mulher. Dondê Scolástica?

Como o fundo cedia no lugar onde ela fincara a cabeça, o balaio tomava a configuração dum imenso chapéu com a imensa pala virada para cima. O equilíbrio ficava assim perfeitamente estabelecido e de tal modo que o receio de algum temporal o arrancar da sólida base seria infundado. Porque a Joaninha era uma sólida base.

Uma raparigaça, a Joaninha de nh'Ana. Não era uma mulher, era uma vaca de carga. Que burrico dessas redondezas, mesmo criado a ração, seria capaz de aguentar no lombo uma carga de tal calibre até ao Porto Novo, quatro léguas bem puxadas? Joaninha fazia-o a brincar contando histórias e dizendo adivinhas, rindo e cantando, animando as companheiras menos favorecidas pela natureza. As restantes duas filhas de nh'Ana mediam-se pela mesma bitola. Três desalmadas. A mãe despachava cada uma para o seu lado. Soltas assim por esses campos fora, palmilhavam Ceca e Meca como se a ilha fosse propriedade da família. Ah! Os pés daquelas três irmãs! Quem pudesse escrever as suas crónicas... Cruzaram todos os caminhos, desceram e remontaram todas as ribeiras, pisaram as areias de todos os recôncavos piscatórios da ilha. Não se perdiam nos descampados ermos cheios de córregos e reviravoltas onde, aqui e além, os guias dos jornadeiros sem prática trepam morros para se orientarem, nem nos extensos planaltos sem vivalma onde vicejam marcelas, carquejas e tortolhos — tortolhos e carquejas para a lenha dos casamentos — e onde o silêncio é tão profundo que se julga ouvir o rasgar das nuvens, como sedas de fazenda nova, nas arestas ásperas das arribas inacessíveis... Quem pudesse descrever as andanças das três filhas de nh'Ana... Não temiam aventurar-se pelas gargantas solitárias que recolhem todos os ventos perdidos e fazem deles suas vozes a troco de fugidia hospedagem; conheciam os caminhos de cabra de encurtar jornada, os atravessados dos cabeços fora de mão semeados de furnas escuras e picos nus e negros e onde o nordeste uiva, e vivem, nos tempos danados de estiagem, os mascarados de pele de cabra fazendo esperas e descendo de surpresa sobre caravanas de burricos e mulheres carregadas de mantimentos; conheciam gentes de lugarejos remotos e choupanas perdidas, alcandoradas entre as nuvens donde, a coberto da noite, descem contrabandistas para o litoral... A ilha era delas, a ilha era propriedade da família, tinham os pés endurecidos por todos os caminhos...

E assim não faltava peixe nem queijo, nem aguardente, nem mel, nem tabaco de rolo, não faltava muita outra coisa em casa de nh'Ana para negociar. Até linha e fósforos, até amostrinhas de fazenda para chapear calças, quem precisasse era só assomar à porta: «Eh nh'Ana trago uns ovinhos; ocê tem péxe salgado êi? Ocê deixe espiar.» Nhô Bexugo dera de si com as canseiras inúteis duma vida de bicho de trabalho. (Por mais de uma vez, com curtos intervalos, as secas haviam arrasado o entusiasmo de seus esforços, quando era ainda homem de rijeza, e desfeito todas as suas esperanças de consertar a vida. Dos rescaldos conseguira, todavia, salvar o casinhoto de dois quartos e duas linhadas de regadio na ourela.) Tinha a voz grossa de único homem da casa, mas já não valia de nada porque agora vivia ensombrado pelas industriosas saias. Quem lá mandava era nh'Ana. Depois as filhas — não por ordem da idade, mas pelo feitio, pelo mérito. Consoante a esperteza de cada uma, assim era a categoria: a Joaninha, a Rosa, a Marieta. Naquela capoeira, como segredavam as más-línguas, o galo não cantava. Era quase o Zé-Ninguém da casa. E não se queixava nhô Bexugo, estava tudo direito — passava os dias a um canto, junto do pote de água, ou sentado no muro à entrada do terreiro, cheio de úlceras ruins provenientes de antigas pulguinhas maltratadas, fazendo as contas, com grãos de milho, do negócio da mulher que os lombos das filhas permutavam entre a casa e os quatro cantos da ilha (...enquanto não viesse aí uma dessas crises danadas e arrasasse tudo — porque seca é como o desmoronar de terra: abafa tudo; e sobre os entulhos, cada um que não ficou soterrado vai construir a vida de novo como se dantes não tivesse jamais apertado o lado na barriga e ajuntado uma muínha de milho na cova da mão, para o dia de amanhã).

Nha Totona saracoteou o corpo, socou a cabeça com desespero:

— Ó xente! Ó xente! Aquela cabra morreu pra lá.

Joaninha ajoelhou-se junto do muro do terreiro, assentou aí o balaião. Desatou a língua:

— Rosa foi prò Alto Mira. Deixei ela na volta de nhô Gualdino. Marieta caminhou mais cedo, porque seu destino hoje é Tarrafal de Monte Trigo. Est'hora assim está cambando a Bordeira. Foi mais a Dadô e um menino de nhô Lourencinho com um macho. Dizem que Tarrafal tem dado peixe sem destino...

Nha Totona interrompeu, tomada de frenesi:

— Ó xente! Ó xente! Esta menininha é a minha perdição. Imagina tu Joaninha que ela foi tomar banho no ribeiro dias-há, ainda no escuro da noite.

— Est'hora assim ela está de volta. Ocê deixe ela. Ainda é cedo. Daqui ao Porto é um rufo de caixa — olhou para cima; farrapos de nuvens vinham do Norte, aconchegavam-se, formavam por sobre o canal uma espécie de favo cor de cinza. — Vamos ter sol brando, nha Totona, começou a assomar umas nuvinhas no céu. Ai como a jornada vai ser sabe!

Falava horas e horas sem parar. Descansava um momento para tomar fôlego, um momentinho só, muito menos que o gramofone do regedor quando era preciso mudar o disco e dar corda, e recomeçava de novo, fresca e cheia de novidade. Tinha a língua andarilheira como os pés. Com certeza engolira nagóia quando garota. Mas assim como era grande a sua língua, tudo o resto nela era grande: a caixa do peito, os seios de boa leiteira, as coxas, as pernas couraçadas de músculos, os pés de plantas largas e firmes. (Só a cintura era estreita, mesmo muito estreita, talvez um tanto desproporcional, como sucedia com a Escolástica, e que lhe emprestava uma falsa aparência de fragilidade. Era um privilégio visto que sendo ela enorme, cheia, musculosa, autoritária e rija como um penedo, nem por isso deixava de ser feminina; não perdia o lugar que lhe competia entre as criaturas do seu sexo.) Sobretudo era uma rapariga cheia de alegria a abarrotar de saúde.

— Espie ocê, nha Totona, como estou catita hoje... (rodou uma volta, com muitos trejeitos, para mostrar a roupa nova. Como fazia escuro ainda, nha Totona, sem transpor a porta, aproximou o nariz e pegou a fazenda com os dedos).

— Iá menina! Fazenda galante, sim. Tem festa com certeza lá pra Porto hoje, anh? — chalaceou a velha.

— Não é festa, ná — respondeu a rapariga com entonação enfática e um meneio de cabeça significativo. E como a velha deitasse a cabeça fora da porta, não lhe deu tempo para rabujar. Começou então a agoniá--la: — É o meu rapaz, nha Totona. Nhara sim. Sabe ocê, ele é um mocinho de categoria, sempre posto na ponta da unha e cheio de soberbindade. Não vou aparecer diante dele como gente braba, nha Totona não acha?

— Acho sim, acho. Ocês me tomem juízo nessa cabeça. Não acho direito essas histórias de rapaziada do Porto. (Ela sabia que Joaninha não queria saber de homem para coisa nenhuma. «Calê homem, calê nada», dizia a filha de nh'Ana alongando o beiço.) Ocês me tomem juízo nessa cabeça — acrescentou para não dar confiança.

— Meu rapaz é gente de posição — insistiu a rapariga —, tem loja grande, usa relógio no pulso e faz assim quando quer ver as horas. Qualquer dia apareço diante d'ocê de sapatinhos de salto alto como rapariguinha de São Vicente, e pulseiras nos braços e criada atrás... — e deu umas passadas nas pontas dos pés toda emproada e importante como rabo-leque.

— Iá menina! Tás bem encarreirada, tás. Melhor não tivesse ele horas no pulso nem loja grande, porque eu assim acreditava na história, e já estás na idade de arranjar marido. E se assim fosse não era de conveniência teres teus negócios com gente daquela laia.

Nha Totona era uma mulher séria, não roubava, não faltava ao respeito a ninguém, tinha só suas rabugices. Mas Joaninha não fazia cerimónia, gostava de agoniar as pessoas idosas. Em particular nha Totona era um pratinho para ela:

— De todo o modo, ocê há-de ver. Qualquer dia passo diande d'ocê tic-tac nos sapatinhos de salto alto, e não ligo. Ocê fica sendo roupa suja pra mim.

Disse e correu de mãos na barriga para trás da casa. A velha assomou a cabeça à porta. Nem fumo nem mandado da Escolástica.

— Ó xente, ó xente! Aquela desavergonhada não

vem hoje! Que está ela fazendo pra lá? Que está ela fazendo pra lá? — começou a bater os pés e a andar de canto a canto, em grande aflição.

Joaninha voltou daí a pouco, alisando a saia com as mãos.

— Ó Deus! — exclamou ela. — Tenho uma gana de andar!... E está uma pla-manhãzinha tão sabe, tá mesmo uma pla-manhã de fresquidão. Já comi tanta manga que não sei como vai ser de mim neste caminho — olhou para a cara enraivecida da mulher e desatou o seu riso bulhento e contagioso. Mas nha Totona não estava para brincadeiras agora.

— Ela se me chega tarde aqui escadeiro-a.

— Ocê deixe ela. Agorinha assim assoma no caminho.

— Se me chega tarde aqui escadeiro-a — repetiu a velha com teimosa e inabalável decisão. Vai lá buscá-la, vai lá menina, de favor... (Como se adivinhasse o que estava a acontecer à filha ali em baixo no fundo do ribeiro, estendida à beira da água corrente, entre as largas folhas de inhames e a poucas braçadas do banal de nhô Lourencinho...)

Quando perguntou com voz trémula: «Sempre tu vai, ahn? Sempre te resolveste?», esforçando-se por se fazer forte e defrontar a situação sem perder a coragem que ela sentia começar a faltar-lhe, o buli escorregou-lhe da mão e rolou até à beira da água. Mané Quim tinha-lhe passado os braços à roda da cintura com delicadeza, quase com ternura. Mas a rapariga esboçou um trejeito instintivo de defesa tentando desenvencilhar-se. Então agarrou-a com força, atenazou-a entre os braços. Beijou-a desajeitadamente, no nariz, nas orelhas, no pescoço.

— De esmola! Larga-me! — suplicou ela.

Dobrou-lhe o tronco para o lado, estendeu-a de comprido sobre a relva húmida, sem lhe dar tempo para um protesto. Entre homem e mulher era a raiva. A raiva, a perplexidade. A rapariga agachou-se afogueada e tensa debaixo da brutalidade do macho, os olhos coruscantes como duas estrelas. Era o momento decisivo e urgente como todos os momentos decisivos. A raiva dele e a raiva dela. Nele o esforço brutal através dos espinhosos e primitivos obstáculos dos sexos. Nela o faiscar coruscante de duas estrelas de espanto e mistério na manhã inaugural da sua carne e do seu sangue. Apertou os queixos, e o grito derramou-se para dentro sem ruído. Como certos animais destinados ao sacrifício e que, por isso mesmo, vão morrendo sem uma queixa enquanto os olhos abrem mais e gritam mais. O macho excitou-lhe os seios com a mão livre, num instinto de cooperação e troca. A respiração tornou-se-lhes ofegante como se os dois tivessem galgado a Bordeira a trote um perseguindo o outro. Mal refeita do espanto, a rapariga tentou, por fim, reagir: «Larga-me! Vou dizer nha mãe», mas já era tarde. Quando uma dor aguda, que a fez grunhir como a bananeira, lhe anunciou que a carne dele penetrara a carne dela, Escolástica deixou-se atormentar sem nenhum queixume, permitiu, passivamente, que o amor dele penetrasse nela a sua obra. E então uma surda impassibilidade caiu sobre ela, aniquilando-a. Os murmúrios da cachoeira emudeceram. O pardaleco madrugador que se lembrara de piar algures suspendeu a solitária litania. A manhã pareceu parar a meia encosta, e tudo ficou recolhido, distante e cheio de paz. Era como se um céu tivesse substituído outro céu...

Subitamente, no momento em que desejava paz e silêncio e o seu aniquilamento não pedia outra coisa que não fosse mais sonho para sonhar, um grito rolou, estridente, da borda da chã. Era a voz poderosa da Joaninha bradando. O eco repetiu duas vezes, três vezes o seu nome: «Scoláástica! Eh Scoláástica!» Empurrou o amante. «Vai, vai, de esmola, deixa-me!», Mané Quim levantou-se dum salto, como animal selvagem surpreendido sobre a presa. Esgueirou-se através do bananal, desapareceu silenciosamente, deixando-a entregue aos ecos que a chamavam, chamavam, e rolavam borda abaixo como calhaus; rolavam esmagando-a como a vida esmaga quem despertou dum sonho...

Mané Quim atravessou rapidamente o bananal, seguiu pelo leito, trémulo como se tivesse cometido um crime de morte; caminhou sobre a areia molhada entre inhames novos, cosido à rocha para não ser visto da borda da chã (não pensou que a obscuridade era ali suficientemente densa para o ocultar). Entrou no recôncavo húmido, forrado de avencas que pingavam do alto, mergulhando em seguida na garganta apertada onde as duas margens se estreitavam — era o ponto onde a proa duma chã parecia embater contra o flanco da que se lhe atravessava, deixando uma exígua passagem na base do rombo em forma de cotovelo. Transposta essa passagem encontrou o grande tanque pertencente a nhô Lourencinho e a outros proprietários da chã de Gata — rico regadio situado na confluência deste ribeiro e do Ribeirão Preto. Contornou a muralha do tanque que transbordava; cruzou o álveo do ribeiro onde o fio de água corrente serpenteava coberto de agriões e hortelãs-pimenta, foi-se sentar junto a um tronco de figueira-brava, sobre uma pequena lájea humedecida pela geada.

No céu, muito alto, fiapos de nuvens cor-de-rosa deslizavam para o sul. O perfil do Topo da Gávea desenhava-se nítido, como um imenso queijo de Boa Vista, no céu cor de cinza. Distinguiu por entre os galhos da figueira o perfil agigantado da Joaninha desenhado contra o céu, no cimo do atalho; ouviu zunzum da conversa gritada entre as duas raparigas. Minutos decorridos Escolástica emergia do fundo, e os dois vultos uniram-se formando uma única figura. Que estariam elas dizendo? Talvez a Escolástica estivesse contando o que sucedera, talvez chorando e dizendo à amiga que o filho de nha Joja tinha abusado da fraqueza dela. Nha Totona era capaz de lhe deitar fogo à casa se soubesse que ele tinha abusado da fraqueza da filha. Mané Quim tremeu só de pensar no que seria capaz aquela mulher linguareira e má, que toda a ribeira temia. Pasmado com a própria façanha, não sabia que pensar. Fincou os cotovelos nos joelhos, mergulhou a cara nas mãos. Sentiu o gosto de vómito na boca. Arredou os pulsos, deixou cair a saliva ácida entre os pés. Tinha medo dos atropelos deste mundo, das riolas das mulheres velhas em fúria, das gritas, das complicações em que metiam um cristão. As raparigas tinham desaparecido. Um bando de pardais madrugadores passou num prematuro voo, deixando atrás um ruído de chicote ferindo o ar. Mané Quim continuou de cara apoiada nas mãos por longo tempo. Só a mãe, pensou, era boazinha e sossegada. Só ela sabia falar manso e chorar manso. «Ó filho Quim, tu não tens juízo na cabeça ainda, moço.» Debaixo daquelas mãos trémulas e protectoras que lhe afagavam os cabelos e o reanimavam, ladrava rijo e valente para todo o mundo ouvir.

Levantou-se. Já o Monte Sírio tinha no cocuruto uma mancha de luz doirada. Dirigiu-se para o tanque, mergulhou a cabeça na água até ao pescoço. Todo o lençol líquido estremeceu quando retirou a cabeça. Contemplando aqueles arcos vagamente iluminados que se afastavam e se ampliavam até morrer nas bordas cheias do depósito, pensou que não havia loja nenhuma do Porto que valesse um tanque assim cheio todas as manhãs. Foi o único pensamento concreto que ele teve desde que deixou o catre essa madrugada.

Quando chegou ao regadio do Ribeirãozinho já a manhã rompera, e a vertente superior do Curral das Vacas recebia o sol de chapa. Galgou os pilares. As plantações pediam água como sempre. O feijoal ia resistindo protegido pelas próprias sombras mas os pés de mandioca e as batateiras tinham as extremidades das folhas curvadas para baixo, embora orvalhadas pelo cacimbo da noite. Junto da mãe-d'água o terreno era menos ressequido, e as ervilhas mostravam-se mesmo vigorosas e dum bonito verde-carregado porque sugavam na terra húmida. Olhou para o interior do pequeno tanque de terra batida. Uma muínha de água inútil dormia no fundo; nem dava para molhar a levada. As regas tinham passado ultimamente a ser feitas de quatro em quatro dias, com o tanque mal cheio. Conta de refrescar as plantas, manter-lhes a vida por um fio sem lhes devolver o vigor perdido. A função delas agora não era crescer nem produzir.

Deu-lhe vontade de chorar...

6

Eram como moreia e polvo. Quando a moreia sente fome, desafia o polvo. O polvo evita a luta cedendo a ponta do tentáculo. A moreia come e vai-se embora. Não será precisamente assim, mas entre João Joana e Sansão era assim mesmo.

Sansão não era despido de terras. Para onde quer que se virasse, dispunha de bons nacos para fartar os olhos gulosos de João Joana. Resolveu hipotecar o Tapume Grande, e pronto. Era um mundo de pasto com um regadiozinho na cabeceira. João Joana não quis ver de longe. Tinha as suas razões. E terras da Ribeira das Patas são enganadoras. Foi lá pessoalmente fazer a avaliação. De passagem entrou no regadio de nha Joja que ficava encostado ao Tapume. Andou a levada, foi à nascente, espiou tudo com olhos de ver, demoradamente. Depois avançou uns passos para cima da nascente seguindo pelo leito do ribeiro, parou um pedaço a estudar. «A nascente deste regadio devia estar ali», disse em voz alta falando consigo, apontando o braço para um desfiladeiro pertencente ao Tapume Grande, ensombrado de figueiras-bravas. «Meu Deus!», exclamou. «Uma terra à míngua, e tanta água a perder-se a cinquenta braças!» O Ribeirãozinho valeria bom dinheiro se o dono do Tapume Grande autorizasse a exploração daquele desfiladeiro... Tomando o Tapume de hipoteca o dono passaria a ser ele, João Joana...

Quando o rapaz o procurou no dia seguinte, não teve dificuldade em assentar o negócio:

— Empresto-te o dinheiro com um jurinho de amizade. Setecentos como queres, não. Qu'é isso então? Já tinha dito. Dinheiro hoje custa dinheiro, e o Ribeirãozinho já deu o que tinha a dar, é terra perdida. Além disso estou à míngua, todas as minhas economias andam nas algibeiras dos homens sem vergonha. Outra coisa: quero seriedade no caso. Temos de criar compromisso um com o outro, claro. Preto no branco, quero dizer. Como de costume, já sabes. Nem eu enganar-te, salvo seja, nem tu a mim, apesar de eu saber com quem estou... Sabes bem o que são negócios, e eu gostei sempre de conversa lavada. Tens de falar com a comadre Joja, é claro, para haver garantia. Doutra forma o negócio não pode seguir os trâmites legais, não sei se me entendes. Isso não passa duma praxe de negócio; sei que és um rapaz direito, entre nós não há lugar para dúvidas. Só o que te digo é que mais de quinhentos mil-réis não posso dar.

— Mas aquela várzea é de regadio, nhô João — explicou Mané Quim com a voz engasgada na garganta. É um bocado de terra rica que está lá. Posso ir mostrar hoje mesmo, não fica longe daqui. Tem um tanque pequeno, mas quando chove rega tudo e é uma fartura para a família toda...

— Sei bem o que digo — atalhou o homem —, sei bem o que digo. Conheço aquelas fraldas. (Com a sua fala mansa e sabida, e o seu bigode debangado e o olhar doce, havia nele qualquer coisa de santo e de mártir, a que ninguém podia resistir.) Aquela propriedade está condenada, pode-se dizer. O seu valor é meramente estimativo. Olhando a frio por quem sabe de terras... Conheço-a desde o tempo do teu pai que Deus haja. Eu mesmo cheguei a dizer ao compadre: «Mais dia menos dia compadre não tem água na nascente, a não ser que abra trabalho sério, uma exploração a fundo.»

Coisa que tu hoje não podes fazer. Sem isso não se pode esperar mais nada...

— É o que quero fazer. Não disse a ocê? É precisamente o que quero fazer...

— Eu sei, eu sei — repontou o prestamista meneando a cabeça de modo vago. Lição de mãe-d'água ninguém a dá a este velho sentado diante de ti. Faze lá as tuas explorações e depois conversaremos...

Entrou decididamente no âmago do negócio. Quinhentos mil-réis é o que a terra podia garantir de hipoteca: «Por se tratar de amigo.» Quanto a juros...

— Olha lá, Quim: conheci toda a casta de reviravoltas na vida, e o que te digo é que capital bem governado pode render, duma assentada, cem por cento ou mais.

Depois dessa afirmação feita com ar de cumplicidade, puxou do lápis, passou a ponta mal afiada pelos beiços, e o seu semblante tornou-se logo triste e abatido. Rabiscou um ror de tempo. E enquanto escrevinhava, corcovado e minucioso, o nariz seguindo os rabiscos do lápis, Mané Quim observava-lhe, apreensivo, o cachaço ossudo. Esse homem seria um enviado do céu que descera para o reabilitar e salvar, ou o próprio diabo que vinha ali comprar a sua única esperança e talvez toda a sua felicidade por quinhentos mil-réis?...

7

Padrinho Joquinha matou no afilhado a inocência em que vivera até então. Acordou nele sentimentos novos, uma espécie de consciência nova. Não do que ele e a terra representavam um para o outro, mas um sentimento obscuro, o instinto do homem que se sente desapossado do seu bem, e a ele se agarra com toda a força e a tenacidade desse instinto primitivo. Sim, o padrinho tirou-lhe a paz do coração. Quanto à felicidade — se a paz dum homem sem água na nascente e sem chuva no céu não é felicidade... — não lhe seria muito fácil dizer de que lado estava: se do lado do padrinho ou do lado de nhô João Joana. No fundo esses dois homens eram duas preocupações para o seu espírito até então descuidado. Mas se esses dois homens não existissem, outras preocupações, talvez mais sérias, acabariam por descer sobre ele, quando as batatas fossem colhidas, e colhidas as mandiocas e as ervilhas e os feijões, se chegassem a sazonar, e não lhe restasse depois a ele e à família senão terra ardida no Ribeirãozinho e nada mais.

A exploração da nascente representava para ele a realização quase imediata dum velho sonho, a satisfação duma doentia e solapada curiosidade. Seria, enfim, a reabilitação da sua vida de homem da terra. Por outro lado, a ida com o padrinho significaria renúncia ao próprio destino, destino amorosamente aceite e antegozado, e que se ajustava à sua alma como a roupa ao corpo talhada e cosida à medida.

Desorientado, o filho de nha Joja deu-se em vadiar à toa de nariz no ar e ouvidos à escuta. Como andava na ordem do dia, se não era forçado pela curiosidade que o seu caso despertara, parava diante das pessoas — ia colhendo assim as opiniões de cada um. Mas as opiniões eram contraditórias, sentia crescer mais o seu embaraço sobre qual decisão tomar. Perdeu o tino do trabalho, tornou-se macambúzio e vadio. Deixava a casa de manhã, e só voltava para as refeições e à hora de dormir. Descia frequentemente ao Ribeirãozinho, sem nenhum objectivo; parava junto do tanque, avaliava a água armazenada, afagava as folhas amarelentas das plantas, regressava de novo à chã. Aparentemente era um rapaz cheio de actividade. Passava e repassava nos mesmos caminhos com o ar de quem ia à vida, solicitado por mil encargos sérios, e sem muito tempo para conversas. Parecia parar acidentalmente diante das pessoas.

Essa manhã, depois de deixar o João Joana, passou junto da casa de Escolástica, parou, tossiu disfarçadamente. Nha Totona apareceu à porta. Mané Quim salvou-a. Ela respondeu «boas horas», de semblante amarrado. Mãe de filha espigada não deve mostrar cara aberta a rapaz. Cara aberta é porta aberta — passa de largo! Mané Quim não gostou da sua maneira. Sentiu até um pouco de covardia. Foi seguindo desconfiado, não fosse a velha lançar-lhe uma pedrada às costas. Que era feito da Escolástica? Depois da cena de há dois dias no ribeiro, nunca mais lhe pusera os olhos em cima. Na barafunda da sua cabeça, onde pensamentos desconexos referviam, e onde certas presenças — nhô João Joana e o padrinho, por exemplo — traduziam a imprecisão de pesadelos, Escolástica tinha contornos definidos e meigos e palavras de ternura: «Sempre tu vais, ahn?» Continuou devagar, prestando atenção na esperança de ouvir a voz da rapariga; mas nem a mãe nem a filha piavam naquela casa. Estava fora com certeza. Mais adiante encontrou nhô Lourencinho encostado à cancela. Homem de poucas falas, parecia ter mais gosto em conversar com as plantas do seu quintal e com os seus bichos. Viúvo, vivia com uma irmã surda e entrevada que passava quase todo o dia fumando canhoto estendida na espreguiçadeira ao canto do quarto. Nhô Lourencinho que outrora fora conversador brabo, habituara-se ao silêncio, e estava virando maníaco ultimamente. Mané Quim salvou. O velho respondeu com a sua voz cavernosa mas bem timbrada: «Boas horas.» Continuou carrancudo a olhar para longe e a bater o queixo como se estivesse mascando. O rapaz entreparou. Nhô Lourencinho pareceu despertar. Pôs os olhinhos piscos nele, perguntou com ar distraído:

— Quando é que vais embora? — antes que o outro respondesse, curvou-se para ele como se lhe quisesse falar ao ouvido: «Escuta. Olho de dono é o melhor estrume, ouviste? Joja está cansada e Jack não tem serventia.» Levantou o indicador à altura do nariz e começou a agitá-lo como pêndulo de metrónomo. «Compreende o que te vou dizer: trança os teus olhos com os teus braços e as tuas pernas e o sangue que sai quente do teu corpo; espalha, como quem despeja esterco, à roda da tua casa. Então tua terra virará rica.» O tom da sua voz era pausado e categórico. Sem olhar direitamente para as pessoas, tinha um jeito autoritário de sublinhar as palavras batendo o indicador na ponta do nariz, como se esse gesto lhe pusesse mecanicamente a língua em movimento.

Mané Quim ficou embaraçado quando o homem se calou. Levou a mão à nuca, por baixo do boné, e coçou devagar. Nhô Lourencinho fez menção de virar as costas, mas, parando acidentalmente os olhos na cara do rapaz, com ar de surpresa como se o visse pela primeira vez, mudou de ideia. Num arranque brusco meteu a mão no bolso, sacou dali o chifrinho de cancã.

— Olha — disse de repente pondo de novo o indicador em movimento. — Quem vai longe não volta mais. O corpo pode um dia voltar, mas a alma, essa, não volta mais. É suor do rosto todos os dias, toda a hora, e calos nas mãos, que fazem a alma aguentar aqui. Pensas que a terra dá alguma coisa sem fé? Pensas? Sem fé a terra dá grama, e grama é maldição, ouviste? Quando eu era rapaz desta alturinha assim, estive em São Vicente a estudar. Passados dois anos voltei. Voltei quase sem alma. Nunca mais arredei pé deste chão — levou o rapé ao nariz, fungou devagar, guardou o chifrinho no bolso das calças. Por uns momentos ignorou a presença de Mané Quim.

— Mas eu não quero ir daqui — balbuciou este por fim, para quebrar o silêncio. — Não quero ir daqui. Eu...

— Ahn?! — atalhou nhô Lourencinho. — Sou eu que estou a falar agora, meu rapaz. Duas pessoas não falam por uma. Ou bem um ou bem outro. Fica quieto — e chispou um olhar de aço, indignado.

O velho tinha mau génio. Mané Quim recuou um passo.

— Então... — volveu nhô Lourencinho, com as sobrancelhas em arco e um sorriso diplomático na cara impassível. — Não queres sair daqui, ahn? Pois tu vais, tu vais e já não voltas mais. Dize que eu é que disse. Sentido na cabeça de rapaz é como mosca de burro: tanto morde que bicho perde tino. Já fui rapaz também. E se não fiquei em São Vicente é porque não tinha criação nem sangue pr'àquelas basofarias. E mesmo assim ia perdendo a alma...

Mané Quim criou coragem, atirou-se de cabeça:

— Quem disse ocê que eu vou? Eu não quero ir nada. Já dei fala a nhô João Joana, ele prometeu emprestar-me dinheiro pra explorar a nascente do Ribeirãozinho...

Foi um dinamite que rebentou. Em má hora o rapaz se lembrou de João Joana. Nhô Lourencinho tornou-se feroz. Arrancou uma pedra do muro, brandiu-a furiosamente; era uma pedra de bico, a mesma pedra de sempre:

— Que estás a dizer, excomungado?! Pedir dinheiro ao João Joana! Que queres fazer, alma penada? Sai diante da minha cara, foge diante desta porta, desgraçado; depressa, depressa! — a voz sibilava na garganta do velho como vento tempestuoso, a mão trémula sacudiu a pedra por cima da cabeça como se o vento, em redemoinho, a abanasse com violência. Cerrou os olhos para opor sólida barreira entre a sua alma incorrupta e o mundo de pecadores e aventureiros; e todo ele se torcia como animal selvagem na armadilha. Sai daqui, sai, sai daqui depressa! Já não tens alma. João Joana comprou a tua alma. Vai-te! Sai já da minha presença, coisa ruim!...

— Eu não vendi, não vendi nada — Mané Quim gritou alto para ser ouvido. Mas a sua voz era o débil roçar duma folha num temporal. Gritou ainda mais alto:

— Eu não vendi. Eu disse a ocê que nhô João Joana empresta dinheiro. Só pra eu não largar as minhas terras. Ocê está a ouvir? Eu não vendi...

— Pior ainda. Pedir dinheiro emprestado àquele malvado é vender de graça, é dar, é dar — dizendo isso nhô Lourencinho abriu um olho só, pousou a pedra e recomeçou a agitar o dedo diante do nariz.

O homem falava alto de mais. Sem mais nem menos, perdia a calma, gritava para todo o mundo ouvir. Mané Quim afastou-se atarantadamente. Caminhou um bom pedaço sem parar, sem olhar para trás. Não era a primeira vez que o via zangado, mas desta vez a coisa tomava proporções esmagadoras porque era com ele e provocada por ele. Teve a impressão de ter sido apanhado em flagrante, com a boca na botija. Sabia que o velho não guardava rancores, havia de o chamar quando voltasse a passar logo adiante da sua porta, e lhe falaria com a sua voz cavernosa, reconciliado e esquecido daquela fita: «Anda cá, rapaz. Quem larga a terra perde a alma, fica exactamente cachorro que perdeu o dono, porque o dono é que é a sua alma; repara como cachorro anda quando o dono o abandona; não pára aqui nem acolá, sem destino direito» (tal qual lhe dissera na véspera), mas o medo não o largou, mesmo depois de sair da sua presença e se abrigar à distância, atrás de muros e árvores. O medo que ele sentia era talvez do que estava para diante, não sabia bem, talvez da mãe-Joja — como se a mãe, tendo ouvido ou adivinhado a indignação do velho amigo da família, a guardasse para lhe lançar também à cara; talvez do outro homem das falas mansas e bigode debangado, «um jurinho de amizade», aquele mesmo medo que nhô João Joana inspirava a todo o mundo, medo de mistura com repulsa e atracção, a mesma atracção das moscas vorazes pelo mel; talvez medo do padrinho, «vem comigo, rapazinho, isto está virando medonho», o medo que o menino sente quando umas mãos de pesadelo entram pela janela para o arrebatar...

Tomou ao acaso o caminho da casa, sem saber o que lá ia fazer. Um pressentimento o levou de rastos — ou foi simplesmente atraído por aquele farolzinho maternal das suas escuridões? Ao pôr o pé, sorrateiramente, na soleira da porta, nha Joja veio para ele de braços estendidos, num alvoroço que não estava nos seus hábitos. Ele sentiu o chão fugir-lhe debaixo dos pés. Encostou-se à parede para não cair. A mãe estava cheia de zanga. Uma vaca de nhô Sansão havia descido o boqueirão esta manhã causando estragos no Ribeirãozinho. Se o compadre Nhónhó não chegava a tempo o bicho entrava nas plantações de mandioca e no batatal, e era uma disgrácia. Compadre viera avisar agorinha assim.

— Estou aqui a agoitar-te desde quando. Vai dizer a nhô Sansão pra pear seus bichos porque senão, se voltam a descer na propriedade, mando-os coimar. Compadre enxotou-a ribeira arriba por não ter corda, e ela pode virar pra trás outra vez. Vai dizer-lhe pra mandar seu criado depressa. Ai a minha vida cheia de apoquentações, se não é uma coisa é outra, Jesus Cristo!...

Não deixou a mãe dizer mais nada. Saiu logo, respirando fundo, tomou a vereda que ia direito à ponta da chã. Desceu a rampa às carreiras, e em poucos minutos galgou a encosta da outra chã. Ficava um pouco arredada a casa de nhô Sansão, um tal subir para chegar lá, mas Mané Quim sentia necessidade de andar, e seria um alívio para ele escutar as facécias do velho depravado.

Duas vacas, à solta, tosavam a erva rala no pátio do casarão, antigo armazém onde o pai de Sansão guardava outrora tonéis com aguardente. O silêncio mais profundo dormia sob as sombras das velhas árvores gigantes que envolviam o antigo casarão. A grama grassava por toda a parte — no tecto de colmo apodrecido, nos interstícios das paredes, no pátio, ao redor da sinistra habitação. Era um espectáculo que impressionava Mané Quim. Parecia-lhe que a grama acabaria por invadir a casa como cobra de mil cabeças e devoraria o homem no seu catre.

— Eh! Nhô Sansão!

— Quem chama? — respondeu uma voz abafada de espanto, vinda do interior. Como a porta se encontrasse aberta, o rapaz foi entrando. Sansão saltou do catre, ágil como um cabrito. As mãos magras de dedos ossudos e enegrecidos pela nicotina puseram-se a puxar pelo cós das calças como pelas borlas dum saco: dava pulinhos de macaco traquinas a cada puxão. Nessa dança de quem veste às pressas as calças caídas, aproximou-se sem demora da visita. Tipo raro, de pernas arqueadas e curtas, os ombros repuxados dos lados como dois cotos de asas entre as quais a cabeça pequenina e inquieta de corvo se sumia, o nariz comprido, vermelho e adunco, a cara chupada com o sorriso velhaco permanentemente agarrado à boca sem dentes, grandes olhos salientes, expressivos e sem pestanas onde as íris escuras rebolavam muito à vontade em dois lagos estriados de sangue, e uma habitual expressão gaiata que denunciava, por certo rictus, sua natureza descuidada e corrompida. Avançou vindo do fundo do casarão sombrio (único remanescente dos antigos armazéns do pai, há muitos anos falecido). — Ó moço, rrr... — pigarreou e cuspiu horizontalmente para o escuro. — Dias-há que não te botei os olhos de riba, nesta casa, é verdade. E eu tinha mesmo muita vontade de ver-te com vagar. Ouvi dizer que vais prò Brasil. Ouvi pr'aí dizer... — deu dois puxões às calças, dois saltinhos, um sobre uma perna outro sobre a outra. — Este povinho diz muita basofaria...

O compartimento era imenso e sombrio; chão de terra batida, grande pé-direito, paredes sem reboco que subiam até desaparecerem no tecto invisível, recantos mergulhados em perpétua obscuridade onde os ratos roíam dia e noite, uma rima de tonéis desmantelados, o catre ao fundo só visível para os familiares, fedor a mijo, a tabaco rolado, a aguardente de cana.

Mané Quim sentou-se ao lado da mesa de figueira-brava, na extremidade livre do banco — o resto do banco estava ocupado por xairéis de saco de sarapilheira apodrecidos de suor e sujos de lama, selins velhos, arreios atados com cordas de fibra de carrapate e de rabo de cavalo, um rolo de tabaco torcido e um cacho de banana. Sansão aproximou-se mais do rapaz saltitando nas pernas arqueadas (dizia com orgulho: «Passei a minha vida a cavalo»), especou-se diante dele, aparentemente ansioso de notícias mas na verdade mortinho por dar à língua, contar pela centésima vez as suas extravagâncias de rapaz endiabrado, bons tempos em que roubava ao pai como um celerado, e galopava por montes e vales com uma matilha de amigos desencaminhados no coice. Para desentupir os ouvidos e aclarar a garganta pigarreou outra vez «rrr...», virou o rosto e disparou o cuspo que saiu como uma bala pela porta fora (era um cuspir especial de cuja habilidade se orgulhava também, e consistia em projectar uma massa peganhenta e acastanhada a vários metros de distância, em linha recta. Disparava-a sem olhar o alvo, e quando se agarrava às roupas dum incauto que a não pudera evitar, deixava uma nódoa, diziam, que nunca mais desvanecia. Exagero daquela boa gente, pois Sansão passava ultimamente por feiticeiro, gongon ou coisa parecida).

Mané Quim fez um gesto com a mão e explicou:

— Eu não tenho nenhuma vontade de ir embora — era o estribilho. Acrescentou logo, para variar: — Assim como assim, quem larga a terra perde a alma, e não quero perder a minha — e calou-se, envergonhado.

— Que é que fazias estoutro dia em casa do compadre João Joana, ahn? Aquele macaco não me quis dizer nada. Põe o cacho de banana de riba da mesa e senta-te à vontade, moço. Não fiques pr'aí amarrado, a casa é tua. Vira as pernas, assim pra dentro estás melhor. Naturalmente andas com precisão de dinheiro, ahn? É o que palpitei logo. Quem não anda na larica neste maldito rabo de mundo e nos tempos que vão correndo?... Quando eu tinha a tua idade roubava dinheiro ao papá mas era pra farra. Dinheiro e grogue. Tu agora ficas aí a falar com fala de nhô Lourencinho. «Quem larga a terra perde a alma.» O diabo do homem não diz outra coisa dia e noite. Uma ocasião ele falou-me assim, mas respondi bem respondido. Sabes o que é que respondi? «Olhe ocê, nhô Lourencinho: a vida é uma chatice quando se tem preocupações no corpo. Aqui onde ocê me está vendo, não gosto de albarda. Albarda é pra alimária. Quem perde a alma e não vai desta pra outra, fica mais leve com certeza prò que der e vier.» Pegou logo numa pedra, mas eu conheço bem as pedras de nhô Lourencinho, qué, qué, qué... — soltou uma gargalhada gaiata batendo as mãos espalmadas nos joelhos. Mané Quim sentiu-se aliviado e à vontade. Sansão deu-lhe uma palmada familiar no ombro: — Pra quê que queres dinheiro, dianho?

— Eu queria explorar a nascente do Ribeirãozinho e abrir mais alguns pilares. Água está acabando lá. Eu digo ocê, não tenho vontade de sair daqui. Se pego o dinheiro já posso também desgramar o Norte que está inçado de grama...

— Cal quê, moço! — atalhou Sansão, acenando uma mão no ar. Larga da mão Norte e regadio e nascente e diabo a quatro. Deixa grama criar. Grama não quer trabalho. Arranja cabras, moço. Faze como eu. Deixa grama criar. É uma plantinha com vida de gato. Quem tira minhas gramas são os meus bichos. As minhas cabras e as minhas vacas dão manteiga e queijo. É mais descansado. Não tenho paciência pra aturar lavradores, não tenho paciência, rrr... — jogou um grosso cuspo para o tecto.

Homem sem vergonha. Tinha um mundo de boas terras perdidas de grama, nascentes entulhadas, tapumes sem vedação, onde as vacas tosavam à solta, sem pastores; tinha extensões de sequeiros no Norte, ao deus--dará...

Mané Quim lembrou-se do recado da mãe. Aproveitou a ocasião em que Sansão caminhava para o fundo, à cata de qualquer coisa, e disse atabalhoadamente:

— Olhe nhô Sansão: mãe-Joja mandou-me aqui expressar uma razão a ocê. Nhónhó apanhou esta manhã uma vaca de ocê no nosso regadio a comer no feijoal. Como não tinha corda enxotou-a ribeiro arriba. Se ocê não pear os bichos, e voltam a descer o boqueirão, mãe-Joja manda-os coimar. É este o recado que ela me mandou dar. Não fui ainda lá, não sei dos estragos. Ocê deve levantar uma cerca de segurança porque assim não está nada direito...

Ouviu tirar e repor a tampa do pote e despejar água no chão. Sansão demorou-se a vasculhar no escuro. Voltou com uma garrafa branca de litro e um copo de rebordo espesso e mal lavado. Não se mostrou minimamente perturbado, como se o recado não tivesse sido para ele. Levantou a garrafa, quase cheia, à altura dos olhos do rapaz contra a claridade que entrava da porta, e confidenciou piscando o olho:

— Isto é só pra pessoas de amizade; é do bom. Vais estalar a língua. Foi um compadre da Ribeira Grande que ma mandou. Aqueles dianhos sabem fabricar grogue — despejou uma porção no copo, estendeu-o ao visitante. — Vês esta espuma na ourela? Não é preciso mais pra um entendido saber o que vai meter na boca — pousou a garrafa na mesa e enquanto Mané Quim tomava o cheiro e saboreava a aguardente, dirigiu-se para a porta e bradou: «Ó Chico! Ó dianho do inferno, onde estás tu?» Saiu para o pátio aos brados.

Chico apareceu com os olhos piscos, inchados de dormir.

— Seu estupor! Já te disse quantas vezes pra não deixares cair a cerca do Tapume Grande. Vai lá ver o que sucedeu na várzea da comadre Joja e trata de levar o bicho pra riba e levantar as pedras onde caíram. Depressa, um pé aqui e outro lá. Faze tudo bem direito, que logo vou ver o teu trabalho. Olha lá, o cavalo está bebido e comido? Vai lá então num rufo de caixa. Qualquer dia deito-te de rocha abaixo, seu macaco! — entrou para dentro, resmungando: «Este macaco só quer comer e dormir, dormir e comer, mais nada.» Pegou no copo que Mané Quim colocara na borda da mesa, encheu-o até à boca, alçou a mão trémula olhando fixamente para o conteúdo. — Quem vê isto diz que é

estrangeiro — bebeu num trago como se fosse água
fresca. Fez uma careta. Com extrema cautela pousou o
copo e a garrafa sobre a mesa. As mãos descarnadas tre-
miam. Esteve indeciso uns segundos. Depois virando-se
para Mané Quim, disse abrindo a cara num riso e batendo as mãos no peito: — Entra no coração como beijo
de menina nova, qué, qué, qué. Gostaste? Pois não
havias de gostar. Se quiseres mais, é só estender os
dedos, a casa é tua. Quando estou acompanhado bebo
mais, e não fico muito fusco. Vou bebendo e esquecendo o que bebo. Fumo de grogue sobe só quando dei-
xamos subir; é o que me palpitou. Quando estou só
vou contando os goles. É engraçado. Embriago-me mais
depressa, rrr... — cuspiu para a parede e mudou de
tom: — Olha, Quim. Conheço a tua mãe desde este
tamanhinho. Ela não é tão velha como parece. Desgos-
tos e criação d'ocês é que a tem assim acabadinha.
Nunca vi dama tão bondosa. Teu pai era homem de
trabalho, deves lembrar-te. Quando morreu deixou alguma coisa. Comadre foi vendendo tudo, pra criar ocês.
Ela não mudou, continuou sempre boazinha pra todo
o mundo. Se fosse uma outra, já eu estava farto de
pagar coima. Mas eu não tenho culpa, não tenho culpa. E este estupor, está-me a tirar a paciência, rrr... —
virou a cara, disparou e tornou a mudar de tom:
— Ouve o que te digo, moço. A gente se precisa de dinheiro tem de pedir. Eu devo trinta contos de réis a nhô
João Joana. É o que ele diz. Fico às vezes a pensar por
que mandou-me ele preencher uma letra a lápis e assi-
nar o meu nome em baixo com a caneta de tinta. Este
mundo é cheio de trapalhada. Eu assinei e não disse
nada porque entrego tudo na mão de Deus. Qualquer
dia ele leva tudo o que tenho. Mas a gente também faz
o que quer com o dinheiro e goza, dianho!, tira algum
proveito. Que quer dizer agora um dianho matar a vida
a trabalhar pra um dia deixar tudo pra outros e entrar
na cova vazio? Ele julga naturalmente que mete tudo na
saca, dinheiro e terras, pra não entrar no outro mundo
com uma mão adiante e outra atrás. Só levamos connos-
co aquilo que bebemos, comemos e gozamos. O que
te garanto é que com estas terras, nos tempos de seca

que estão correndo, não se tira proveito nenhum. Olha, o conselho que te dou é não trabalhares as terras nada. Certa ocasião, há um ror de tempo, pedi dinheiro a nhô João Joana e meti homens numas trinchas que tinha na Lagoa; comprei milho e semeei, gastei todo o dinheiro naquela brincadeira. Veio o chuvisco de Agosto e não voltou a cair uma gota sequer em todo o resto do ano, e perdi os meus ricos quatrocentos mil-réis. Se os tinha metido no bolso outro galo cantava. Foi a primeira vez que pedi dinheiro àquele homem. Serviu-me de emenda. A segunda vez pedi por pedir, pra desforrar, outros quatrocentos mil-réis. Entraram cá nas algibeiras e dei-lhes um destino qu'eu cá sei. Estes tiveram ao menos a sua história, os outros é que não tiveram história nenhuma. Hei-de contar-te um dia destes o que fiz com eles (Mané Quim conhecia a história. Todo o mundo conhecia as histórias de Sansão). Mais tarde pedi outro dinheiro, e um dia acordei maluco: pra tapar o bico ao homem, vendi o Tapume Pequeno entregando-lhe por conta já me não lembro quanto. Passados tempos vendi uns pedaços no Norte, e entreguei-lhe uma quantia. O dianho do homem andava desorientado com uns negócios lá nas Ribeiras e não me largava as calças. Não tomo nota destas coisas, julguei ter saldado a dívida, mas explicou-me que eu devia ainda novecentos e cinquenta mil-réis. Resolvi então não pensar mais nisso, foi quando tomei juízo... até que, passados uns anos, ele entrou-me por esta porta dentro, foi a última vez que esteve na Ribeira das Patas, no ano passado de cima ou coisa assim, sentou-se neste mesmo banco onde estás, virou-se para a mesa e começou a escrever. Eu estava deitado no catre com febre e fiquei olhando as suas costas lambudas enquanto ele escrevinhava no papel. De vez em quando perguntava-lhe: «Eh nhô João Joana, afinal quanto é que devo a ocê?» Mas era uma conta muito difícil, passou quase uma hora a rabiscar, eu ouvia a pena a fazer riche, no papel. Por fim largou a caneta, e disse de lá: «Está pronto.» Puxou do lenço e limpou o suor. Não sei porquê está sempre a limpar o suor aquele macaco. Eu só tenho suor quando vou de jornada ao sol, qué, qué, qué! Depois de limpar o suor falou assim (Sansão remedou a fala mansa de João Joana): «Contas redondas, com os juros todos, eeee... e mais não sei quê, são ao todo eee... ao todo vinte contos e quinhentos mil-réis...» Deu a explicação que tinha a dar e estendeu-me o papel para eu verificar, mas eu entendo pouco de preto no branco. Sei ler mas não sei destrinçar essas meadas. Mesmo eu perdi a luneta diashá. O papel azul estava cheio de garatujas dum lado e do outro, de riba abaixo... Bebe, moço, mais um copo, a casa é tua. Os dianhos da Ribeira Grande, deixa falar!, são os melhores fazedores de grogue de Santo Antão... Não queres, então? Tu parece que não és dado a coisas da nossa terra. Teu destino é embarcar...

Sansão encheu o copo de novo. Fixou-o demoradamente. Sorriu. «Endiabrados», murmurou entredentes.

— O que é que ocê lhe disse? — perguntou Mané Quim. Já conhecia o episódio. Tinha-o ouvido mais duma vez, mas nesse momento não se enfastiou como sucedia sempre que era forçado a escutá-lo. Pareceu-lhe uma história nova agora, cheia de ensinamentos; a mais verdadeira e danada de todas as histórias de nhô Sansão.

— Que havia eu de dizer? — bebeu com sofreguidão. Fez uma careta. — Sim, que havia eu de dizer? rrr... «Olhe nhô João, esta mèrada é grande de mais pra mim. Ocê deixe, que vou levá-la depois a outro que tem mais coragem e jeito que eu pra trabalhos.» Guardei o papel na gaveta, e com certeza está lá ainda. Pensei, na ocasião, em o levar ao Estêvão, do Porto, mas disse depois cá comigo: «Ná, que estás a dever pêlo e cabelo também ao Estêvão, e como ele é mais sabido do que nhô João Joana, há-de querer o primeiro naco pra si, os outros credores que se entendam com o resto.» Era um homem liquidado antes de tempo, tás a entender? Ná moço. O que cada um deve fazer é deixar andar a vida, porque pagar dívida é mesma coisa que deitar água num poço fundo. Criei juízo dias-há, e homem de juízo morre no que é seu. Quatro homens depois me venham tirar daqui, se quiserem...

Emborcou mais um copo. Mané Quim amparou-o até ao catre e saiu para a rua aturdido. O homem estava rabujento hoje. Essa história do João Joana só a contava quando andava nos seus maus dias, porque era a mais verdadeira e danada de todas. Para toda a gente era uma história de rir como qualquer outra, mas para ele, filho de nha Joja, e nesse momento, era uma história séria. Que graça pode ter uma coisa que nos dá medo, que nos estraga todos os melhores cálculos e nos tira o governo da cabeça?

Não desceu pelo mesmo caminho que tinha subido. Cortou pela vereda que atravessava mais adiante o regadio de nhô Vital. O sol ardia como brasas. Os contornos das montanhas dançavam como cobras vivas. A casa de nhô Vital escondia-se entre mangueiras, cafeeiros e papaieiras. Em frente à casa, a seguir ao terreiro, era a horta de tabaco. Os pardais chilreavam doidamente, empoleirados nas árvores. O terreiro era fresco, apetecia sentar-se ali e ouvir um pouco de conversa assisada, gozar a ilusão de água fresca, bebê-la e saboreá-la na esperança que o lunário de nhô Vital incutia a todos que pisavam o terreiro da sua casa; e ouvir o chilrear daqueles pardais iludidos com as palavras molhadas que saíam da boca do profeta. Vivia ali a paz e a certeza no futuro; e quem fechasse os olhos e aspirasse o cheiro a estrume, a jasmim e a terra molhada que se desprendia da atmosfera, não podia deixar de acreditar, e de se sentir reconfortado. Encostado à parede, ao lado da porta, achava-se o banco do costume, um banco comprido, para cinco ou seis pessoas. A porta estava fechada e o pavimento do terreiro resplandecia de limpeza. Mané Quim deu a volta ao muro. Empurrou a cancela. Bradou: «Eh nhô Vital!» Como ninguém respondesse, sentou-se no banco, estendeu as pernas e, de pálpebras cerradas, ficou escutando a algazarra dos pardais. Ali mesmo naquele banco, nhô Vital dissera-lhe dois dias antes: «Voltarás um dia com a ajuda de Deus. Encontrarás as tuas terras onde as deixaste. Terás dinheiro então para o que queres agora. Tu com dinheiro na mão vais longe. Chuva não faltará, mas chuva não vira grande ao que é pequeno. Vira melhor mas não vira grande. Nós o que queremos aqui são homens com dinheiro e que saibam empregar o seu dinheiro. Tu és o homem que queremos aqui quando voltares do Brasil. Voltarás com dinheiro e terás as terras que quiseres, com a ajuda de Deus. Porque chuva não faltará...»

Mané Quim abriu os olhos e viu parado diante dele o Néné, o filho codê de nhô Vital. Néné tinha sete anos mas a cara séria e os olhos parados e escrutadores eram de gente grande. Usava um camisão de pano grosseiro, de saquinho de farinha *gold medal* que lhe tapava a vergonha, e uma tira de carrapate amarrada à cintura.

— Onde está nhô Vital? — perguntou Mané Quim.

— Nha papá, mais nha mamã, mais Chico, mais Izé foram calafetar o sequeiro da Lagoa — informou o catraio. — Nha papá disse que tempo está rondando pra chuva.

— Tempo está rondando pra chuva — repetiu Mané Quim, levantando-se enquanto o Néné empurrava a porta e entrava para dentro sem mais palavras. «Cadê o cheiro a fartura, aquele ar de satisfação, aqueles tambaques de milho às portas que deixei quando parti», pensou Mané Quim, recordando as palavras do padrinho. Tempo rondando pra chuva — foi sempre assim, será para todo o sempre. Se o ano é de boas-águas arma-se tambaque à porta. A questão é o ano ser de boas-águas. Mas já nessa altura — estava-se em Setembro — em anos de molha, o milho tem dois palmos e é tempo de remonda nas terras gordas. Às vezes chuva tardia é mais farta, concordou. Já tem chovido rijo em Dezembro, e houve mesmo quem semeasse e colhesse com abundância. A questão não é só tempo rondar pra chuva...

— Eh nhô Quim!

Mané Quim ia saindo. Néné correu atrás dele segurando uma caneca com leite. Bebeu o leite fresco e devolveu a caneca ao garoto:

— Obrigado, Deus te dê a bênção.

Desceu a encosta do Ribeiro Largo até pegar o leito tortuoso. Numa margem e noutra trepavam pilares de regadios. Cana sacarina, batatais e mandiocais, goiabeiras, mangueiras e laranjeiras, pedaços acastanhados de terra inculta, feijoeiros com as folhas amarelas e galhos

mirrados; nas areias húmidas do álveo, inhames e aboboreiras; nhô Silvino consertando a levada entre as pedras; Mariano descendo aos ziguezagues, ladeira abaixo,
com um feixe de palha às costas; a casinha de Miguel
de Nhá à sombra sagrada do poilão, um chiqueiro e a
vaca à porta; a casa do Viriato, lavrador de nhô André,
mais arriba; a de nhô Manuel de Santo com os seus seis
filhos grandões e de juízo na cabeça; cá em baixo, no
cocuruto do montículo, meio a meio do leito, o
casinhoto de nhô João de Clemência, nha Clemência à
porta muito curiosa e prazenteira: «Eh Mané Quim, passas calado e não dás boas-horas, não dizes nem de riba
nem de baixo... Nha Joja tá comodada? Dá-lhe mantenha.»

Deixou o Ribeiro Largo, meteu-se num corgo ressequido e deserto de casas. Topou o bosquezinho de figueiras-bravas na desembocadura. À direita trepavam
pilares de regadio. De uma moita de mataria silvestre
irrompia um fio silencioso de água corrente; no come-
ço dos pilares, de margem a margem do ribeiro onde
o corgo seco desembocava, um tanque de terra calcada rodeado de fetos e juncos recebia o fio de água.
Uma levada saía do busil do tanque, seguia a direito,
agarrada à encosta íngreme da margem esquerda, até
montar a borda da chã. O caminho ficava mais abaixo
onde o declive era menos pronunciado.

Quando Mané Quim alcançou a chã, ao primeiro
relance reconheceu, à distância, a Escolástica caminhando ao longo do muro do caminho, com uma lata de água
à cabeça. Nesse momento aproximava-se da mangueira, onde costumavam separar-se. Mané Quim saiu fora do
caminho, saltando pedras e cavoucos como cachorro
perseguindo gato. Ela avistou-o. Cheia de vergonha virou
o rosto para o lado oposto, e estugou o passo tanto
quanto a lata cheia lhe permitia. Mané Quim alcançou-a
junto da mangueira, pegou-lhe na mão, obrigou-a a parar. Ela manteve a cara virada para o outro lado.

— Larga-me! — foi só o que soube dizer; mas não
fez menção de se afastar.

— Onde é que tens andado metida? Já passei tantas vezes diante da tua porta... Ficaste zangada comigo,

ahn? — tremiam-lhe os lábios, sentia marteladas nos ouvidos.

— Larga-me! — repetiu ela. E verificando que a voz não estava tão velada como receava, acrescentou num repente: — Sempre tu vais? —, e sem esperar a resposta deu uma sacudidela, libertou a mão que ele tinha entre as suas e caminhou rapidamente em direcção a casa. O rapaz deu uns passos atrás dela:

— Olha! Quero dizer-te uma coisa! Escuta!

A rapariga entreparou.

— Não contaste nada a ninguém?

— Nada o quê, moço? — fez ela vexada, deitando um olhar de esguelha.

— Não contaste à Joaninha aquela coisa, ahn? Nem à Joaninha nem a ninguém?

— Larga-me da mão, bruto!

Virou-lhe as costas. Homem medroso é o que ele era. Lutar com ela, rasgar-lhe a roupa de baixo, feri-la, desonrá-la, e agora cheio de medo que os outros saibam da sua façanha. Como se não fosse ela quem viesse a sofrer as consequências. Deu-lhe vontade de gritar que sim, que contou a todo o mundo a sua brutalidade. Mas afastou-se a toda a pressa.

Mané Quim ficou plantado onde a rapariga o deixara. Ela já tinha desaparecido na encruzilhada do caminho, já devia estar mesmo em casa despejando a água da lata para o pote, quando ele deu a resposta que ela pedira. Falou em voz alta, como se a Escolástica estivesse ainda em frente dele, à espera:

— Digo e torno a dizer: Não vou nada! — Que é que ia fazer nas terras dos outros? Tinha as suas propriedades. Dava-lhe mais gosto trabalhar naquilo que era seu. Ver as suas plantas crescer, as suas árvores dar frutos, dormir na sua casa, comer cachupa e cuscuz do milho das suas mèradas. Não ia deixar a Escolástica. Não ia largar o seu regadio pr'àli ao abandono, e a água a fugir cada vez mais para o fundo da terra. Jack não tinha jeito para orientar a vida. Era rapaz para trabalho, sim, servia bem para dar uma achega rija à labuta, mas não tinha cabeça para mais nada... Não, não ia nada com o padrinho.

Nesse momento alguém roçou por ele. Era o seu irmão Jack. Trazia os apetrechos de jornada: surrão às costas, a enxada pendendo do ombro esquerdo, o chapelão de palha desabado e muito puxado para a cara barbuda, calças de caqui enroladas até aos joelhos e, a proteger-lhe os enormes pés, largas alparcas de pneu de automóvel atacadas com tiras de cabedal. Vinha coberto de pó e com riscas de suor nas pernas, nos braços de mangas arregaçadas e no peito.

— Boas-horas — disse, levando uma mão à testa, por baixo da aba do chapéu, para sacudir o suor. Alto, chupado de carnes, desengonçado, tinha a expressão parada, indecisa, de quem espera ordens.

Havia quatro dias que não se viam. Jack tinha ido ao Norte auxiliar o lavrador que se queixara da falta de meios para meter trabalhadores. As mèradas cobriam-se de grama, os auxílios de Julho foram insuficientes; como as águas se demoravam, dando-lhe assim tempo para tentar mais trabalhos, pedia à dona das terras uma ajudinha em milho para contratar homens. Nha Joja mandou-lhe o Jack, que valia por dois. Era sempre assim por ocasião da lavoura. O lavrador tomara gosto ao trabalho do Jack e abusava. Enquanto não o visse diante dos olhos não sossegava. Eram recados e mais recados Bordeira abaixo. Então fazia pedido de milho, que os tempos iam ruins... — e lá ia o rapaz despachar as coisas. Pela quadra de Santo António o homem calava-se, não vinham mais recados. Era a vez do Mané Quim subir a Bordeira com frequência para dar fé, estudar e avaliar as promessas, fazer respeitar as obrigações — o que não impedia que as partilhas fossem feitas dos sobejos, do que restava das antecipações secretas do lavrador, pé aqui pé acolá para o sustento das cabras leiteiras (queijinhos vendidos aos donos das terras por bom preço, diziam estes) e as respectivas espigas cozidas e assadas para a satisfação da prole. À medida que os grãos engrossavam nas espigas, as amizades e entendimentos iam minguando; cresciam desconfianças e indisfarçados rancores entre meeiros e proprietários.

Quadra de lutas surdas, cada um puxando para os seus interesses. «Coitado», dizia nha Joja, contemporizadora, «ele tem tanto menino para sustentar... Mais espiga menos espiga não torna ninguém mais pobre.» E fazia orelhas moucas às queixas do filho mais novo.

— Boas-horas — salvou Mané Quim, respondendo ao cumprimento do irmão. — Como vai aquilo por lá? — perguntou, olhando de esguelha.

— Acomodado... — Jack estendeu paradoxalmente o beiço inferior como se quisesse dizer: Não vai lá muito bem.

— Aquela gente tem milho que dá para todas as mèradas, ou estão a pensar que vamos mandar mais como no ano passado?

Jack hesitou. Encolheu os ombros ao mesmo tempo que erguia os antebraços e mostrava as suas manápulas forradas de calos. A resposta foi vaga:

— Quase sim...

O irmão Jack não era homem para gastar palavras. Tinha a língua pesada, todo o mundo sabia, mas mão leve para a enxada. Cumpridor calado da sua tarefa, tanto se lhe dava levantar uma pá de terra como deitar abaixo uma montanha. Cuspia na mão e dizia só: «Sim.» Não se contasse com ele para mais coisa nenhuma.

Levou o dedo ao nariz, assoou uma venta e depois a outra. Vendo que o irmão não dizia mais nada, e sentindo a fadiga de algumas léguas por corgos e ravinas, ia retomar a marcha interrompida, quando o irmão lançou-lhe, de chofre, a novidade:

— Padrim Joquinha quer levar-me com ele...

Jack tirou o chapelão para coçar o topo da cabeça.

— Ah, sim... — balbuciou virando a cara para os lados da casa. — Ele disse assim tem pouca hora. Vi-o aí arriba no caminho.

— Ele disse-te então?! E quê mais que disse ele?

Mas Jack tinha pressa em chegar a casa. Não comera nada essa manhã, e aguentara sol crã no lombo sem encontrar vivalma pelos descampados dos cabeços do Norte a quem pedisse uma pinga de água. Deixou cair o queixo para o peito, enquanto escavava o chão com a ponta da alparca do pé direito.

— Pois eu não quero ir nada. Tenho que dizer ao padrim Joquinha que não quero sair daqui.

Jack levantou os olhinhos oblíquos e inexpressivos. Ah! — fez ele.

— *Ah* porquê? Como: se fosse a ti ias então? — era a maneira de obter a opinião do irmão. Mas este virou as costas, o assunto não lhe dizia respeito, foi andando devagarinho, indeciso, aos ziguezagues, como quem, tendo dado por finda a conversa, vai ainda concedendo um pouco de atenção. Alguns passos andados, virou-se e disse, mais com caretas e gestos que com palavras:

— Nhô Joquinha vem falar com mãe-Joja amanhã p'la manhã. Mandou recado.

— Mandou recado? — disse Mané Quim em voz alta, falando consigo mesmo. Então era preciso ele, Mané Quim, fazer alguma coisa. Ocorreu-lhe uma decisão rápida. Acabar com as coisas duma vez, procurar o padrinho agora mesmo, falar-lhe assim: «Ocê não vai arrancar-me daqui nada. Palpita-me que arranjarei a vida sem ser preciso ir pra longe. Ocê deixe-me voltar à tranquilidade e à paz do espírito. Tenho que pensar na vida a sério, mas primeiro preciso dormir meu sono sossegado, não ter ninguém à roda de mim a falar do Brasil, uns a puxar pra cá outros a puxar pra lá. Não quero mais pesadelos de noite. De todo o modo se não chover, se tempo for de carestia, é meu destino; se eu cavar na rocha e não desencantar água no Ribeirãozinho, é meu destino. Mas não é meu destino ir pra longe enquanto não tiver a certeza de que não vem mais água nem de riba nem de baixo.» Dizer-lhe isso mesmo, e não ouvir mais nada. Desandar seu caminho, sem mais história.

Ganhar enfim a liberdade. A liberdade de viver seu destino consoante o risco de Deus e não dos homens. Embora o risco que Deus dá seja por vezes pequeno, este é todavia o destino mais largo de cada um, onde é maior e mais completa a liberdade de cada um. É o que Mané Quim pensava.

A passos largos subiu o caminho que o irmão tinha descido momentos antes. Ladeou o quintal de nhô

Lourencinho, um quintalão murado, com patamares interiores cobertos de feijoeiros e aboboreiras cercando hortas de tabaco, batatais regados de fresco, bananeiras com as largas folhas verdes-alegres desfraldadas ao sol, cafeeiros de troncos esguios e folhinhas de brilhos metálicos, e o milharal tenro de regadio; e, ao redor da casa caiada, o ensombrado de mangueiras ajoujadas de cachos. O regadio de nhô Martins era logo a seguir. Um contraste. Laranjeiras, bananeiras, cafeeiros, ao deus-dará. A casa de portas e janelas torcidas, sumida entre trepadeiras e mataria sem trato, a varanda exterior apodrecida pela acção do tempo e invadida de ervas ruins e varas espinhosas de roseiras trapadeiras, buganvílias e uvas-de-macaco; por toda a parte e em profusão, rabos-de-asno, barbas-de-bode e grama alta, floresta virgem de espinhos e palha braba. Nhô Martins vivia na Praia, era ali funcionário da Alfândega. De raro em raro aparecia por cá com ares de empreendedor, os polegares enfiados nos suspensórios, dando ordens, fazendo projectos, riscando planos de trabalho futuro; ao fim e ao cabo regressava ao emprego, deixando tudo como encontrava. Mais adiante era a casa de nha Eufémia, com a fila de caixotes de begónias, cravos e malmequeres sobre o muro comprido do terreiro. A filha lá estava tratando os craveiros, num vestido branco sem mangas, a cabeleira farta solta sobre os ombros e uma fita cor-de-rosa como uma borboleta pousada no alto da cabeça. De vez em quando levantava os olhos para a paisagem castigada de sol, e abaixava-os com indiferença para os caminhos desertos de rapazes casadoiros. Uns passos andados, para lá da igreja, Mané Quim deu de cara com um homenzarrão de andar balanceado, bigode de palmo e meio bem torcido, uma perna das calças arregaçada até ao joelho. Trazia um martelo de pedreiro, uma marreta e um ferro de broca ao ombro, como símbolo de autoridade em matéria bruta.

— Boas-horas — salvou Mané Quim.

— Ora como vai a vida? — disse o homem, parando.

— Estava mesmo com vontade de ver ocê, nhô Anselmo.

— É aproveitar — respondeu Anselmo, pousando as ferramentas no chão. Era lavrador na Lagoa, mas seu ofício principal consistia em lidar com pedras: pedreiro, cabouqueiro, forneiro de cal, etc. Entendido em cavar rocha e tentear água nas nascentes, mas corria pr'aí dúvida sobre se os advogados das Ribeiras seriam mais entendidos em leis do que ele.

— Não sei se Felipe falou com ocê...

— Falou-me esta pla manhãzinha.

— Quando é que ocê pode ir ver?...

— Passei lá na semana passada e deitei um olhado de curiosidade. Tá sequioso deveras. Aquela nascente tá fora de caminho d'água. Nascente de tapume ou é oito ou é oitenta. C'ma suor da terra: quando chove é a primeira a rebentar, mas também quando mingúa reforço de fora vai como vem, fep.

— Mas sempre tem recurso...

— Na vida tudo tem recurso. Penas é ocês não pegar aquele cabouco de nhô Sansão, mais pra riba. Lá escondido no meio de figueira e trepadeira é c'ma mama de vaca parida: só espera mão pra mungir. Então ocês pegavam um pedaço d'água valente.

— Mas se eu cavar umas braças pra dentro, ahn, nhô Anselmo? A mim palpita-me...

— Não digo que não, moço. Não digo que não. Todo o modo, quem tem sua nascente deve atamancar nela e não deixar a água escoar pra outra banda.

— Dou depois ocê fala de certeza.

— Tou sempre pronto. Já dei a minha opinião, mas cada um faz de seu consoante manda a sua cabeça. Mas agora, falar por falar, lembrei uma coisa: ouvi dizer que nhô Joquinha quer levar-te com ele; é verdade?

— Ele quer sim, mas não é da minha vontade.

— Não é da tua vontade?! Que esperas catar pr'aqui, moço?

— Não quero largar a minha gente nem as minhas coisas. Todo o modo... quem larga a terra perde a alma...

— Ahn?! — Anselmo levou ambas as mãos às pontas do bigode num movimento brusco como se fossem raízes à beira dum precipício escorregadio. Tomou um ar sério e peremptório. — Bem. Tá bem — acrescentou. — Cada um faz consoante manda a cabeça.

— Não vou deixar a água escoar pra outra banda — esclareceu Mané Quim, usando a frase do homem.

— De modo então que estás resolvido a calafetar a mãe-d'água do Ribeirãozinho?...

— Não vou deixar a água escoar pra outra banda repetiu Mané Quim, como um eco.

Anselmo respondeu:

— É assim mesmo. Sempre vale a pena atamancar então. Enquanto há vida há lida. É assim mesmo — abaixou-se, pegou nas ferramentas, assentou-as no ombro e abalou sem mais conversa.

Mané Quim em lugar de continuar cara arriba, deixou o caminho desviando-se para a direita por um atalho que ia perder-se num trecho inculto de lapili pomítico. Este estendia-se como grande lençol branco até à orla da chã. Dali avistava-se todo o regadio do Ribeirãozinho até ao maciço de figueiras-bravas e feijoeiros congo onde se ocultava a mãe-d'água. Acocorou-se passando os braços à roda das pernas e ficou contemplando as terras da mãe. Grande parte da vertente oposta era dela. A levada formava um rosário de pedras que se distinguia bem, bordada de cana sacarina na linha mais erguida do regadio e onde os pilares iam terminar. Gostava de se sentar naquele chão rangedor de pedras-pomes, ao cair da tarde, e escutar o silêncio que vinha dos fundos, e namorar, com os olhos em alvo, os degraus dos pilares galgando a vertente até à levada. Era um trabalho cuidado e perfeito. As paredes erguiam-se firmes e bem aprumadas, com rebordos salientes nos cantos a servirem de degraus para a passagem dum pilar a outro. As plantas distribuíam-se cada espécie no seu canteiro; os regos eram altos, espaçosos e alinhados. À custa de que esforços, perseverança e sacrifícios aqueles paredões se mantinham em pé e as plantas mostravam um verde milagroso, embora a maior parte já cabeceasse, e as raízes encontravam ainda uma pouca de água com que enganar aquela sede que havia mais de ano não se saciava completamente! Nos meses de boas-águas era a coisa mais bonita para os seus olhos. Os batatais derramavam--se como mar que transbordasse do tapume de nhô Sansão. Os regos povoavam-se de feijoeiros, aboboreiras, de esguios pés de mandioca, que cresciam à altura dum homem; as bananeiras estendiam enormes braços e pariam a toda a hora; os pés de milho engrossavam as canas como bambús; e as favonas trepavam por sobre a levada até à borda do Tapume Grande, e tudo ficava maravilhosamente atapetado e macio.

Tal era o mundo de Mané Quim. Mundo acanhado esse — meia dúzia de socalcos, a levada sequiosa, uma nascente moribunda — mas que lhe bastava. Bastava--lhe porque acreditava no futuro do Ribeirãozinho. Havia umas coisas incompletas ali, que não tinham tocado os limites: talvez os pilares não construídos ainda, talvez a água que havia de voltar à nascente e molharia a terra sedenta até ao último palmo. Esta esperança era um laço. E tudo seria possível — todos os planos e todas as lutas — enquanto o laço se não desfizesse, ou se não quebrasse o fio que o amarrava àquele sonho...

Contudo, desde a proposta do padrinho de o levar para longes terras, um outro mundo, de sólidas barreiras protectoras, lançou fortes raízes no seu coração; a presença dum domínio maior que aquela várzea de pilares abriu o leque familiar à roda de seus olhos, um mundo bem protegido, muito maior que aquele pequeno tufo de verde sedento agarrado ao pequenino tanque do Ribeirãozinho — e que o completava. Cenário cercado de altas montanhas que os olhos se habituaram a abarcar desde a infância, quando se sentava no muro do terreiro da sua casa. No fundo do seu ser começou a dar fé de quanto era rija a laçada que essa terra, escondida entre altas montanhas no seio da ilha, lhe passara aos pés. Lembrou-se do caso sucedico com Joana Tuda da Ribeira da Cruz. Ele era ainda menino de dez anos. Uma manhã, brincava no terreiro da casa com outros companheiros mais ou menos da mesma idade, quando apareceu uma mulherzinha magra e lambuda, com um dente muito grande saindo da boca, o nariz arrebitado mostrando dois buracos fundos, a gritar com uma voz fanhosa que meteu medo a todos: «Eh mocinho, eh mocinho! Estou a morrer de sede. Dá-me uma caneca d'água mocinho da minh'alma.» Os companheiros fugiram, pulando o muro do terreiro. Não lhes seguiu o exemplo, porque sendo ele da casa tinha de mostrar compostura. Foi buscar a água e, submisso, entregou a caneca à mulher. Ela bebeu todo o litro de água sem tomar fôlego, devolveu a caneca ao menino e caminhou. Mané Quim correu para dentro e foi colocar a caneca como a encontrara, de boca para baixo, sobre a tampa do pote. Quando voltou para o terreiro os companheiros espreitavam acocorados atrás do muro, e o Inácio, o mais velho, de olhos arregalados apontava com o dedo em direcção à cancela. Olhou e viu a velha entrando de novo para o terreiro e espiando para um lado e para o outro, como que à procura de qualquer objecto perdido. Fugiu-lhe a valentia do corpo e tratou de saltar também o muro e de se reunir aos amigos. A velha passeou para cá e para lá, foi até à cancela, olhou para o caminho e disse: «Ó Deus, deixem-me ir embora.» Passaram-se horas e não fazia outra coisa senão caminhar dum canto para o outro e repetir: «Ó Deus, deixem-me ir embora.» O sol já estava a pino quando chegou a mãe-Joja. Eh Joana Tuda, ocê quer alguma coisa?», perguntou a mãe-Joja. «Estou aqui dias-há e quero agora ir pra Ribeira da Cruz que já está tarde.» «Então ocê vá.»

Mas a mulher ia até à cancela, olhava o caminho e voltava a entrar como se lhe faltasse ânimo para a jornada. Continuou por algum tempo naquela dança. Quando não pôde mais, aproximou-se de Mané Quim, que tinha procurado a protecção da mãe e espreitava, mais decidido, da porta (o resto da petizada havia botado carreira cada um para a sua casa) e disse em segredo: «Ó mocinho!, de esmola, mocinho da minh'alma. Olha, vai virar a caneca de boca pra riba pra eu poder ir.» Foi fazer o que a mulher indicou, e só assim Joana Tuda pôde transpor a cancela e seguir o seu caminho. Mãe-Joja explicou então que as feiticeiras ficam amarradas quando se emborca a vasilha por onde bebem.

«Como é que ficam amarradas sem corda?», quis ele saber. A mãe respondeu: «Eu não sei, Quim. Só sei que ficam amarradas.»

Hoje parecia-lhe que a laçada que o prendia a esse chão devia ser tão forte e ter tão misteriosa origem como aquela que, outrora, prendera a feiticeira Tuda ao terreiro da sua casa. Não só o corpo, mas a alma também entregava-se à prisão da terra que o vira crescer e fazer-se homem. Como o fogacho do relâmpago e o estampido do trovão, era um apego que o cegava e ensurdecia para outras paragens e para outras vozes arredadas. Havia outras terras melhores e muito ricas, dissera-lhe o padrinho. Com chuvas abundantes, rios a correr para o mar, com estradas largas e sem fim. Sim, eram melhores para os outros. Mané Quim não as cobiçava.

Amava trabalhar rijo, e o seu prazer era pensar que a terra não recusava tudo ao esforço dos seus braços e ao suor do seu rosto. O homem devia ter orgulho em dizer, «isto aqui era pedra sobre pedra, e fiz correr água e virar verde». A satisfação de criar vida onde havia só cascalheira e sede era a sua grande ambição e alegria. Como o homem que faz filho a uma mulher e pensa depois que nada é mais seu neste mundo que aquela carne a que a mulher deu vida, por obra e graça dele e de acordo com ele. E mal sabia Mané Quim que a natureza é tão pródiga nele, homem semeador de vidas, quão caprichosa e exigente nela, mulher, fecundadora de semente e criadora de vidas; que é na ansiedade irresistível de procriação que o homem, de sociedade com a mulher, se curva vertendo amor, dedicação e sacrifício sobre aquele ventre, que é o seio da terra, rico de promessa e dádiva; e na ansiedade daquela busca de todos os dias, onde há recusa e aceitação, derrotas e sucessos, e, acima de tudo, dedicação e amor, perseverança e prodigalidade na dádiva da semente da vida — a vida surge sempre um dia na carne nascida da mulher e no fruto tombado da árvore.

Tudo isso talvez Mané Quim, obscuramente, sentisse, como um imperativo da sua condição, com a força irresistível das intuições primitivas sem forma e sem palavras. Por isso a sua dedicação era natural e obstinada, e puro o seu amor. Quando se deixava levar por essa onda de avassalamento, a própria imagem da Escolástica se diluía, se perdia como uma folha na confusa multidão de folhas duma árvore.

Mané Quim levantou-se, decidido a falar com o padrinho agora mesmo.

Joquinha e André descansavam no caramanchão quando ele chegou. Tinham acabado de almoçar e Joquinha fumava o único cigarro do dia, estirado na espreguiçadeira. André estava sentado num mocho e tinha os antebraços apoiados nos joelhos.

A presença do dono da casa embaraçou-o.

— Bênção, padrim; boas-horas nhô André.

— Estava mesmo pensando em ti. Entra rapazinho — disse-lhe o padrinho, com ar festivo.

— Como vai a comadre? — perguntou André. — Salta cá prà sombra que o sol está de respeito; anda.

— Não vale a pena, fico aqui mesmo. Estou de passagem, desci só pra salvar...

— Mas vem entrando sempre — insistiu o padrinho.

— Tenho que falar contigo. A comadre como vai?

Foi pouca sorte encontrar nhô André lá. Queria falar sem testemunhas, e a presença do homem paralisou-lhe a língua.

— Não tenho tempo. Mãe-Joja está acomodada. Estou com pressa porque ainda tenho que descer ao Ribeirãozinho antes do almoço.

— Deixa o Ribeirãozinho pra mais logo — atalhou André. Almoço tens lá dentro. Não passas fome. Não ouves teu padrinho dizer que tem que falar contigo?

— Ah, sim. Mas volto depois. Eu passava lá derriba no caminho e vim aqui só pra salvar.

André perguntou por perguntar:

— E a nascente do Ribeirãozinho vai dando pra regar?

— Qual histórias. Tá amorrinhando. Não dá pra meio rego por dia.

Então Joquinha tocou no assunto:

— E quanto à nossa conversa, que é que combinaste com a comadre?

— Ah, a mãe-Joja... — Mané Quim atrapalhou-se. Pegou num galho seco de sobre o muro e pôs-se a quebrá-lo aos pedaços. Eu digo ocê padrim... A mãe-Joja vem ficar pr'àqui sozinha... Não sei como vai ser.

— Bem, mas isso não quer dizer nada. Ela tem o Jack, e André está para o que der e vier. E tu, o que é que pensas?

— Eu não sei ainda...

Como? Não sabes ainda?! Tiveste tanto tempo para pensar...

— Tu o que tens a fazer — observou André — é preparar a trouxa e seguir com o teu padrinho. Assim é que andas assisado. No teu lugar e na tua situação, é o que eu fazia.

O tom peremptório do homem intimidou-o. Pôs os olhos no chão, embaraçado. Joquinha entusiasmou-se:

— Assim mesmo é que vais fazer, ora sim, não há mais nada que discutir. Já falei bem claro. Tens de pensar no futuro e não andar aí sem saber que fazer. Amanhã vou lá à comadre e tudo ficará esclarecido, porque dentro de três ou quatro dias ponho-me a andar.

— O que eu queria — balbuciou Mané Quim, a tentar torcer a conversa para o rumo que lhe interessava — era explorar a nascente do Ribeirãozinho. Palpita-me que lá dentro encontro água em penca. Só isso é que eu queria.

André impacientou-se:

— Atrás de explorar o Ribeirãozinho — disse, sacudindo os braços — o que procuras é passar fome pr'aí, como está sucedendo com muitos outros. A nascente do Ribeirãozinho é das tais que só dão nos anos de chuva. E mesmo que fosse, uma pinga de água de rocha não vai desviar um homem do seu caminho.

— Se eu faço aí um furo de quatro ou cinco braças pra dentro, tenho a certeza de encontrar água com fartura.

— Qual é a água que vais encontrar, moço! — atalhou André. E mesmo que assim fosse, água pr'aquelas bandas não dá fartura. Não paga a maçada. Mas julgas que vais gastar dois patacos? Meter trabalho ali é doidice mesmo pra ricos. Ainda se Sansão te passasse a covoada que fica mais pra riba, já não digo que não valia a pena. Lá sim, tem água com certeza, mas ouvi dizer que aquele diabo vai hipotecar o Tapume Grande ao João Joana...

— Se eu faço um furo bem fundo... — teimou o rapaz.

— És rato pra abrir buraco de graça? Só se é num lugar que eu sei. Onde é que vais buscar dinheiro pra fazeres o trabalho que queres? Se o tivesses com certeza terias juízo suficiente pra não o enterrares ali. E num tempo destes. Não sabes que os daninhos andam d'olho alerta, e d'aí a pouco não haverá segurança nem pra raiz de mandioca na ourela da casa?...

Quando Mané Quim os deixou André disse para Joquinha:

— Agricultura é uma maldição, fica sabendo. É uma laçada que vai apertando, apertando. Uma mania, um vício, uma cisma, tu não fazes a mínima ideia. Está doente de terra e de água o teu afilhado. Eu não sou melhor nem pior do que ele. A única diferença é que tenho mais do que ele tem, vou-me defendendo, a laçada não sufoca tanto. No resto somos a mesma coisa, uns doentes, uns condenados... Tenho a impressão que o vieste pegar tarde. Ele já tem a doença metida no corpo. É um destino danado, uma maldição...

— O rapaz me está indispondo. Supunha estar a fazer um bem.

— É o que te digo, um destino danado, meu velho. Mas hás-de o levar. Custa menos a ti levá-lo contigo do que a ele decidir-se a deixar isto. Que quando a gente quer arrancar uma árvore arranca-a mesmo, embora deixe a raiz na terra. A raiz acabará por apodrecer com o tempo.

— Certo, certo — concordou Joquinha num acento que aprendeu do André. — Como o passado; é o que penso sempre: raiz que o tempo acabará por apodrecer, ora sim...

8

A casa do André era de todo o mundo. Uma espécie de pensão, onde os amigos comiam e dormiam de borla. Às duas por três a sala metamorfoseava-se em quarto de cama com um, dois ou mesmo três catres de campanha. E os hóspedes dormiam e comiam à tripa-forra, muito à vontade, como em casa própria. Quando Joquinha chegou encontrou um rapaz de São Vicente, estudante do Liceu e antigo condiscípulo do filho de André, muito metido a escritor. Passava os dias no caramanchão escrevendo, escrevendo, escrevendo; não abandonava a sombra da buganvília. E era uma guerra surda entre os hóspedes. Um estorvo para ele Joquinha, porque sempre que trazia a espreguiçadeira, o rapaz não disfarçava o aborrecimento, como se quisesse fazer ver ao rival que era importunado. Mas abalara com o Tuca, foram de passeio ao Paul e Ponta-de-Sol, e agora Joquinha sentia-se senhor absoluto do recinto.

Estendeu-se prostrado na espreguiçadeira. Para se defender das moscas, e um pouco para ganhar mais intimidade consigo próprio, sacou do lenção vermelho de pingos pretos e cobriu a cara; cruzou os braços sobre o ventre, relaxou os músculos, os pés tombaram entorpecidos para os lados, e a cabeça foi deslizando até se apoiar no rebordo da espreguiçadeira. Quem olhasse de repente para aquele corpo derramado e aquele lenço vermelho a envolver a cabeça, não deixaria de estremecer, vendo tanto sangue a cobrir tanta imobilidade.

Joquinha não dormia, todavia. Magicava coisas. Toda a gente tem momentos em que gosta de deixar o pensamento correr por si, e vai atrás dele como um turista atrás dum guia caprichoso, e deixa-se levar sem nenhum protesto, antes com uma espécie de curiosidade e torpor pacífico, concordando com tudo, achando tudo muito bem, pensando que, realmente, o guia não lhe mostra nada de novo, o maroto! — casas, ruas, árvores, rostos conhecidos, por vezes familiares...

Pois é verdade. Não se deve perder pé enquanto se vive. Ora aí está uma coisa que ninguém sabe: quando é que a senhora Morte chega. Ninguém adivinha o momento preciso. A morte é sempre uma surpresa, embora não a seja. Devemos estar prontos em qualquer altura, porque ela não bate à porta para nos dar tempo a nos prepararmos ou fugirmos pela porta traseira. Entra, pousa em nós a mão gelada. É só. E se abrirmos os olhos surpresos para ela, só uma mão amiga e piedosa no-los voltará a fechar. Nada valem os nossos rogos. Morte espera um pouquinho, por favor, desejo pôr uns assuntos em ordem, tenho dinheiro e bens, e é uma amolação não deixar os negócios arrumados; espera um pouquinho só, por amor de Deus! Joquinha lembrou-se de que estava reproduzindo, nem mais nem menos, as falas daquele velho uruguaiano, despenseiro dum calhambeque grego, em que ele também viajava como segundo-cozinheiro. Vivia apreensivo o pobre homem, no medo de morrer dum momento para o outro, sem ter descoberto o paradeiro da família — o pai e umas irmãs — de quem não recebia notícias havia anos. «*Mira usted*», queixava-se ele, «se a morte me arrebata levo o remorso trespassado na alma, como uma faca. *Me voy herido y a sangrar*, ai, ai.» Era avarento, metido consigo, desconfiado, insociável. Vivia no receio da morte e da ruína. Mas tinha esse instinto de família a temperar-

-lhe o egoísmo em que se fechava. Um dia o vapor ancorou em Montevideu. Sem mais explicações o homem despediu-se do pessoal e deu sumiço. Passados tempos Joquinha recebeu carta dele onde narrava, como, depois de muito indagar e vasculhar por ruas e becos da capital, lá o foram orientando de cidade em cidade, de rancho em rancho, até Paysandú, onde encontrou uma irmã andrajosa, viúva e carregada de filhos — o pai e a outra irmã já não viviam. «*Hermano*», dizia na carta, «*no tengo temor de nada e de nadie ahora. El mundo es muy largo, pero el corazón es más aún...*» Tinha uma boa fortuna depositada num banco de Montevideu, o homem...

Uma circunstância séria estragava a calma repousante do caramanchão: o zumbido dos insectos. Era como serra a morder ferro, ou como raspar de unhas na parede; feria os ouvidos, implicava com os nervos. Havia certas moscas que emitiam um zunido de alta frequência das articulações das asas, e que pareciam ter vindo ao mundo para descreverem círculos apertados à roda das orelhas dos dorminhocos. Dum momento para o outro mostraram-se tão agressivas que Joquinha, exasperado, saltou da espreguiçadeira brandindo o lenço; percorreu o caramanchão, dando piruetas e açoitando o ar com surpreendente energia. Quando lhe faltaram as forças voltou a sentar-se, afobado, a respiração ofegante. O caramanchão pedia rede, uma rede de malhas finas por onde entrasse ar e não moscas. Era o que ele teria feito há muito se a casa fosse dele. Cobriu a cabeça e o rosto com o lenço, cruzou de novo as mãos sobre o ventre e esperou que o coração serenasse antes que desse livre curso aos seus pensamentos. Mas já não se lembrou do que estivera pensando, e então resolveu a dificuldade assentando nisto: quando um doentinho recusa o tónico adocicado que lhe restituirá as forças e o apetite, sem curar de saber, por fastio ou indecisão, se aquilo que lhe impingem é para bem ou para mal, se tem bom gosto ou mau gosto, a gente usará de astúcia até introduzir-lhe na boca a primeira colherada. Se a astúcia não der resultado, se o menino não se deixar impressionar com palavras e boas maneiras e aperta os dentes decidido a resistir por todo o preço, a única alternativa é recorrermos à força, à violência se for necessário, na certeza de que o menino acabará por gostar. Os meios justificam o fim. «Sejam quais forem os meios, se o fim é generoso, creio que cumpro o meu dever.» O que é preciso nesta vida é ter-se visão larga e não se olhar o caminho, mas o destino onde o caminho vai dar. E se o destino é construído segundo os ditames do coração, então vale a pena lá chegar. E dar a mão aos outros, que precisam dela mesmo sem o saberem, e guiá-los também, para esse destino, mesmo contra a sua vontade. «Ora, se encontrei um a quem quero dar a mão, dou-lha mesmo... O menino tem de meter na boca a primeira colherada.» Era assim que Joquinha encarava o problema do afilhado.

Tinha uma velha dívida a saldar com o pai do Mané Quim. O que se deve aos mortos paga-se aos filhos dos mortos. Foi ele quem o convencera a abandonar a terra. Recomendara-o a um parente, gerente dum *ship-chandler* em São Vicente. Não foi difícil a esse parente do velho amigo meter Joquinha num vapor panamense como ajudante de cozinheiro. Ora, viajar é como coçar caspa — ouvira isso dum velho marinheiro —, quando começa custa a largar. O destino andou com ele sobre as águas do mar durante um ror de anos — dez ou doze, já não se lembrava —, puxando-o ora para um vapor ora para outro, com gregos, com chineses, com noruegueses, com americanos; naufragou duas vezes, em um dos naufrágios passou seis horas dentro da água bem fria; levou-o ao Japão, à China, guiou-o um pouco à toa pelos cinco continentes, ensinou-lhe a miséria e a ambição dos povos, a luta brava dos homens de várias latitudes, cansou-o da vagabundagem, desembarcou-o por fim em Buenos Aires. Mas não o deixou aí mais que um ano. Por esse tempo ele era — como gostava de dizer — um *wonderkind*, não passava dum *wonderkind*; sem família, sem prisões, sem porto. Depois de algumas paragens e insucessos nos portos do Sul do Brasil, o destino (como se se tratasse dum procurador ou dum empresário) pô-lo diante dum homenzinho gordo, plácido e bondoso que, levado pela sua estrela, e sem o saber, andava à procura dum companheiro. Era um pobre diabo solitário como o Joquinha que, também, se deixara levar pelo destino como folha seca pelos ventos caprichosos do Outono. Tão da mesma natureza do Joquinha no vício de vagabundear pelo mundo — e também sem prisões e sem porto — que aquele encontro parecera-lhes ter sido provocado pelos seus destinos irmãos, como se estes tivessem tramado aquilo antecipadamente, em segredo, sem os consultar. E destinos tão parecidos um com o outro, quais empresários irmãos de dois palhaços irmãos, que, quando se encontraram, fundiram-se como se fundem dois pedaços do mesmo metal ao mesmo grau de calor. Os dois homens apenas os seus olhos se cruzaram compreenderam, de repente, que tinham andado perdidos um do outro como duas metades que finalmente se topavam.

Em Manaus, ali na vizinhaça do Rio Negro, fundaram à beira do caminho uma biboca modesta, que com o tempo se ampliou, metendo comida à panela, até virar casa de pasto de boa frequência. Construíram uma pequena oficina de serração e adquiriram uns hectares de floresta que a pouco e pouco transformaram em campos de pastagem e terrenos de cultivo. Lá estava agora o sócio à testa dos negócios enquanto Joquinha vinha ver como soava a voz da saudade da terra.

Além dos negócios Joquinha possuía próximo do centro de Manaus um belo prédio de moradia. Casara, mas a mulher morrera de parto cinco anos depois do casamento; o filho — nascido morto — não era dele (Joquinha era estéril), mas dum amigo da casa como sempre sucede. Vivia só, e não se sentia inclinado a realizar outro casamento. Para ele, o casamento era a única aventura que não devia ser repetida.

A vida é difícil. Quem olha para trás vê a montanha majestosa cheia de colorido e beleza, mas desconhece os atalhos íngremes e não distingue as ravinas e os abismos. Quem pode avaliar as fadigas que sofremos, os perigos que nos acompanharam, as agonias e desesperos agarrados aos tornozelos como grilhetas, senão nós mesmos que sabemos contar os passos que andámos para chegar a este lugar? Quem soube do Joquinha durante todos esses anos de ausência? Quem poderia contar nos dedos os obstáculos por ele transpostos e as vezes que escapara à morte para os transpor? Quem soube dele durante esse tempo todo senão ele mesmo — alma perdida nos atalhos e reviravoltas da existência, folha que o vento arrastara ao acaso por entre a ramaria virgem da imensa floresta de enganos e desenganos da vida?

O seu rosto era sereno, e os seus olhos com certeza guardavam o mesmo brilho e aparente virgindade da infância. Em que recanto do corpo do homem grava a vida o sinal dos seus passos, e abafa ou apaga, como as sucessivas pinturas duma porta, os vestígios daquela inocência e pureza que o rosto e os olhos mostram aos outros homens disfarçando todo o resto? Se Joquinha abrisse a boca e lhe desse ganas de contar tudo, despejar tudo para fora — se isso lhe fosse de todo possível —, os homens que o ouvissem ficariam conhecendo muita coisa do mundo. Pensariam, alarmados, que não seriam capazes de fazer as coisas que ele fizera, e viver a vida que ele vivera, esquecidos de si próprios, esquecidos de que a vida de cada homem é difícil, esquecidos de que toda a dura vida vivida é difícil. E no fundo de cada homem, há sempre, quando muito, um pedaço de dura vida vivida.

Quando André entrou no caramanchão batendo os sapatos brochados na calçada Joquinha tirou o lenço da cara.

— Sim senhor. Boa vida... — André era homem dos seus sessenta anos, seco de carnes, rijo ainda, cabelo ralo e grisalho e grandes mãos calosas para o que desse e viesse.

— Me sinto estafado, moço. As carnes me pesam...

— Vocês deixam cair a crista depressa nessas terras de longe.

Joquinha pôs as mãos nas ilhargas:

— Naturalmente queres-me chamar de velho, eh? Lá isso, vírgula. Em todo o caso tenho inveja da tua mocidade, apesar dos teus dez anos mais do que eu... Tenho inveja, tenho.

Riram ambos. André sentou-se no muro, perto do hóspede.

— Eu só durmo na cama e de noite — disse. — Levanto-me cedo, e durante o dia não dou tempo ao caruncho de tomar-me conta dos ossos. Tu o que precisas é andar muito, espremer estas banhas para os ossos terem menos carga a acarretar. Hoje não saíste de casa, nem ao menos foste ali à comadre Joja... E precisas ir pessoalmente pôr os pontos nos ii.

— É verdade, moço. E o tempo vai passando. Mas estafei-me de mais estes dias atrás, devia descansar hoje. Vou lá amanhã sem falta, tanto mais que tenho interesse em apanhar-me com esse rapazinho. Mais três dias devo me raspar para São Vicente. Vais sentir um grande alívio.

— Qual! Às vezes ando pr'aqui aborrecido. Gostava que ficasses mais uns dias, homem. Sabes que não incomodas nada. Nas horas de trabalho, é como se cá não estivesses. Não faço cerimónias, sabes bem. Sigo a minha vida e tu a tua.

— Era o que faltava andares aí com salamaleques. Ora sim. Mas como te ia dizendo, gosto dos modos do afilhado. Tem um ar acanhado, metido consigo, embucha diante da gente e não diz duas coisas com jeito, mas endireita com facilidade. Torno a dizer-te, com sinceridade, não é por capricho nem extravagância da minha parte — Joquinha calou-se um momento para tomar fôlego. Tinha necessidade de desabafar. Prosseguiu: — Me sinto só, é o que é, a gente em ganhando idade tem precisão dum filho. É uma questão prática, nada sentimental, meu velho. Eu não sou rico, não. Tenho uma coisinha pouca. E não se sabe quando é que a morte chega. Entra sem pedir licença. Me lembro bem dum uruguaiano... te conto depois. Tu compreendes, não tenho família chegada. Foi sorte ter baptizado este moço antes de viajar, sorte para ele e para mim também. Agora, ao deixar Manaus, disse ao sócio que vinha matar saudades e buscar um filho que cá deixei — levantou o braço e acariciou delicadamente a cabeça com os dedos. Pousou a mão no regaço e continuou noutro tom: — Afinal, viajar muito caleja, mata antecipadamente as saudades; com o tempo verificamos que as saudades que sentimos não são inspiradas só nos lugares e nas pessoas queridas, mas principalmente no passado ligado aos lugares e às pessoas. E esse passado afinal das contas somos nós mesmos. Como vês é uma ilusão. Podes crer. As saudades estavam mortas, sim, porque deixámos de ter razões para as sentir; porque ousámos, posso assim dizer, ultrapassar aquele limite para lá do qual as intempéries da vida tomam conta de nós. As intempéries substituem em nós uma alma por outra. É talvez o que nhô Lourencinho quer dizer quando fala em perder a alma. Mas as saudades estavam mortas também porque os costumes, a vida, os amigos que deixámos se modificaram... e nós em primeiro lugar. Pondo o caso em mim falo, é claro, dos amigos que encontrei, e à excepção da tua pessoa. Fiquei espantado quando não vi água caindo destas rochas como antigamente. Esta miséria de águas tornou os homens diferentes, tornou-os mesquinhos, interesseiros e desconfiados. No meio de todos só tu conservaste o mesmo de antigamente, ora sim. Tu és o mesmo moço que deixei na Ribeira das Patas, trabalhador, franco, amigo leal; apenas mais velho. Queria apanhar três ou quatro como tu para eu ir contente e voltar um dia, talvez definitivamente. Lêlê e Antoninho morreram. Sansão é um nojo, metido naquele casarão miserável, como uma alma penada. Nhô Lourencinho, mais velho do que nós todos mas companheirão e homem sabedor naqueles tempos, virou maluco. O Martins, que não cheguei a ver, dizes que está importante, afogou em pouca água, coitado. Eu não sei se será virtude os homens se agarrarem a ilusões de pouca monta e não verem seus próprios ridículos. O Álvaro, esse então, já não vale nada; anda a morrer aos pedaços, desanimado da vida. Só tu, meu velho, continuas *inteiro*. Mas uma andorinha não faz primavera, tem paciência. Ali em São Vicente não encontrei os amigos que tinha deixado. Uns morreram, outros se dispersaram, os que viraram ricos foram para Lisboa, os outros menos bafejados pela fortuna andam no mar ou na América do Norte, alguns outros imitaram a seu modo o Martins. E assim por diante. Me sinto só onde quer que me vire.

«Em Manaus tenho amigos, oh sim. E te digo mais, me sinto lá como na minha terra. Nem sei como é que o povo duma terra tão grande se parece tanto com o povo das minhas ilhas. Já te falei disto muitas vezes. Simplesmente os amigos que lá arranjei, são amigos velhos e não velhos amigos. É uma falta muito grande a gente não poder falar do passado ao amigo da última hora senão como simples curiosidade. O passado não é um laço que nos une aos amigos da última hora... os alicerces mesmo sólidos são doutra natureza... para eles é como o papel que se deita no lixo depois de lidas as frases escritas a correr; para nós tem o valor inestimável dessas cartas amarelecidas pelo tempo, e que guardamos no fundo da mala como relíquias... Mas a principal questão não é essa, repito, não tem nada de sentimental. A dura experiência é um sol que seca um pouco o sentimento, fica tu sabendo. Não o mata, mirra-o, tira-lhe a água, não deixa pingar os olhos. É verdade que é uma secura que aguenta mais. Como o bacalhau. Com um pouco de água serve. Fica como uma coisa artificial... O que me preocupa, como ia dizendo... Te conto depois a história do despenseiro uruguaiano, ora sim. Desde uns tempos para cá, em Manaus, venho pensando maduramente no afilhado. Não achas que na qualidade de padrinho tenho certos poderes... enfim, sou um segundo pai dele, posso usar de meios... não quero dizer amarrá-lo, arrastá-lo, mas... enganá-lo até, não achas?

— Vai lá e fala com ele e com a comadre. Põe os dois diante e fala claro. Eu no teu lugar, não me inquietava mais. Queres fazer-lhe um bem, estendes-lhe as mãos, e ele fica a fazer caixinha! Eu no teu lugar, se ele voltasse a recusar a protecção, mandava-o à fava. Não se obriga burro a comer pão-de-ló.

— Gostava que ele fosse comigo. Faço questão. Se depois de lá chegar não quiser continuar, volte então para a pasmaceira. Só o que quero é que ele vá. Precisa experimentar a primeira colherada.

— A primeira o quê?

À tardinha Joquinha pegou o Zé Viola no terreiro.
— Olha lá: tens a boca cosida?
Zé Viola respondeu:
— Se é pra contar histórias e dar um recado, não.
Mas se é pra guardar segredo, é mais dura que rocha.
— Então queres ganhar dez cruzeiros?
— Dez quê?! — fez uma careta. Era brincalhão.
— Cruzeiro é dinheiro ou é outra coisa?
— Nada de mangação, mocinho. Estou falando sério.
— Ocê sabe que nós aqui só papiamos duas línguas,
nhô Joquinha: português e crioulo. Não sabemos mais
nada.
— Quero dizer dez mil-réis. É a mesma coisa.
— Ahn. Agora sei. Mas nhô Joquinha desculpe, aqui
na nossa terra dizemos que mesma coisa é mijo e uri-
na. Eu gosto de expressar bem as razões por modo de...
Olhe, diante de dez mil-réis eu posso, esta hora assim,
ir espancar-me na Ponta-de-Sol sem comida-de-caminho.
É ocê mandar e nhô André autorizar.
— Bem, bem — fez Joquinha, tranquilizado. — Não
é preciso ir tão longe — tirou o lenço do bolso, assoprou nele como se fosse um cornetim *dó-ré-mi*, dobrou-
-o cuidadosamente e tornou a guardá-lo. Pegou Zé Viola
num braço. — Ora sim. Vem ouvir uma coisa, mocinho...
(Joquinha fora em tempos leitor assíduo de romances policiais. Devorara centenas de volumes do género. Havia
situações intrincadas nos livros policiais. Ao fim e ao cabo
tudo ficava claro como água.) — Arrastou-o para o caramanchão com solene compostura de quem leva um
mistério consigo. Sentou-se na espreguiçadeira. José Viola,
vendo pelos modos que a coisa ia durar, arregaçou as
calças e acocorou-se colocando a enxada ao lado. — Ora
sim — repetiu Joquinha apoiando os braços nos joelhos.
Pendeu o corpo para diante e indagou: — Conheces bem
meu afilhado, não conheces?
— Se conheço! Como esta enxada que ocê está vendo aqui.
— É o que eu estava a pensar... — Joquinha sentiu-se embaraçado; não sabia como começar. Mas José
Viola era finório, apanhava as coisas de longe, e tinha
a língua leve na boca. Não esteve com meias-medidas:

— Posso até dizer a ocê o que lhe anda na ideia, dia e noite, estes dias.

— Que é que lhe anda na ideia?

— Ora, tenho olho fino para estas coisas.

— Dize lá então o que sabes, moço, não te ponhas pr'aí com charadas.

— Ele anda mas é metido com a Escolástica de nha Totona. Não larga as saias daquela menina. Julga que ninguém sabe mas eu sei, tenho olho fino. Mas se a velha descobre, mundo acaba. É uma diaba.

— Moço! És mais esperto que polícia de Scotland Yard.

— Já disse ocê que língua doutras terras não é pra mim.

— Agora outra coisa. A... a... a... — Joquinha passou a mão pelo queixo rapado. — Olha lá: um homem que se levanta de manhã e vê que as suas mandiocas e batatas foram cavadas durante a noite, sente um grande desgosto, não é?

— Ora. Se daninho entra na plantação dum homem bom, o homem bom pode virar mau, com certeza.

— Sim, pode virar mau. Mas eu quero dizer que ele fica muito chateado, não fica?

A conversa continuou entre os dois. Durante esse tempo Joquinha tratou o Zé Viola como de igual para igual...

9

O encontro com a Escolástica foi, para Mané Quim, como o sol, depois de rija chuvada, para as plantas: despertou nele dobrado entusiasmo. Ao período de ensimesmamento e apreensões sobreveio, de repente, uma extraordinária excitação que dissipou por completo os nevoeiros do seu espírito. Durante estes dois dias nem o padrinho, nem o João Joana, nem a moribunda nascente do Ribeirãozinho pareciam existir para ele. Escolástica tornou-se a única realidade, uma obsessão. Tinha-a sob constante vigilância. Mal comia, corria a espreitá-la. Espiava a toda a hora a casa dela, escondido atrás do muro do caminho. Ouvia-lhe as falas com a mãe. Ela entrava e saía, saía e entrava nos seus mandados. Era uma rapariga mexida, não parava de manhã à noite, e ele sabia tudo quanto ela fazia de porta para fora. Qualquer volta que desse longe da vista da mãe, Mané Quim seguia ao seu alcance como cachorro aluado. Ele admoestava-o: «Toma cuidado, moço. Boca de mundo pode chegar aos ouvidos de nha-mãe.» Todavia, ao cair da noite, inventava pretextos, levava as mãos ao ventre, dizia à mãe: «Não sei que tenho estes dias. Ando com desarranjo de barriga...» Ia encontrar-se com Mané

Quim junto dum patamar a vinte passos da casa. Este passava-lhe o braço à roda da cintura com mais compostura (algo assustado com o papel que tinha de desempenhar e, sobretudo, pela circunstância de ter uma mulher sob a sua responsabilidade, facto este que sucedia pela primeira vez), encostava-a, trémulo e confuso, à parede do patamar. Nha Totona não lhes dava tempo para proferirem uma palavra: «Eh Scoláástica...», bradava. O rapaz acocorava-se e ela corria para a casa alisando a saia com as mãos. Nha Totona preparou beberagens de mato. Esgaravatou na gaveta dois grãos de purgueirinha, sementes altamente purgativas, e na segunda noite, qundo a filha voltou do patamar, meteu--lhe os dois grãos na boca, obrigou-a a mastigá-los e a engoli-los. Sabia que as meninas de agora não gostavam de drogas, mas ela não tinha mangação com moléstias.

Escolástica amanheceu com a barriga desandada deveras.

10

Moço de sorte, este Zé Viola. Até então nenhum valente ousou encher-lhe o lombo de pau para que ele se pusesse no seu lugar. Tinha a língua comprida, e quem se metia com ele não passava bons bocados. Era «perigoso», tinha uma fama diabólica. Contavam a história dum moço trabalhador que ia morrendo à fome por falta de trabalho. Os proprietários deixaram, de repente, de confiar nele, afastando-o por medida de precaução. Teia que o Zé Viola lhe tecera, por questões de saias, soube-se. Tecia intrigas sorrindo, fazendo bioco, adoçando a boca, como aranha trabalhando com todas as patas ao mesmo tempo. Às duas por três, e sem quase dar por isso, já a vítima se via atada dos pés à cabeça, incapaz dum movimento.

A rapaziada temia-o, principalmente por causa dos seus ciúmes, da sua mania de roubar as namoradas aos outros. Não passava menina nova diante de seus olhos que não lhe pusesse a cabeça tonta. As mais apetitosas (e as mais tenras, diga-se de passagem, porque estas são as que menos juízo têm na cabeça), tivessem ou não tivessem dono, cobiçava-as, desejava-as, perseguia-as, intrigava — não levavam muito tempo e eram dele. Uma

coisa sem eira nem beira, mal vestido e mal-encarado...
Largava uma, pegava outra, prometia casamento logo de
entrada, «se ano for de boas-águas». Todos os anos casava. Mas os anos de boas-águas nunca tinham fartura
bastante para o rapaz decidir seus casamentos. Casava
com esta, com aquela, com aqueloutra, casava com todas. Mas não casava com nenhuma porque não tinha
onde cair morto. Agora era a Andreza da Ribeira dos
Bodes, filha do Chico Simão, homem respeitado, com
umas terras, com porcos e galinhas, as melhores raças
dos campos de Santo Antão. Roubara a rapariga ao
Gualdino. E o Gualdino não era nenhum zé-ninguém
como ele; tinha umas trinchas de terra, e era lavrador
de regadios de vários donos que confiavam no seu trabalho. Roubara-lhe a rapariga, e andava aí a gabar-se.
Moço riolento, só tinha boca para falar. Mas as raparigas
gostavam da sua fala, das histórias que contava, riam-
-se dos seus ditos e dos biocos que fazia. Mané Quim
ora o temia ora o desprezava, consoante as ocasiões.
    Zé Viola passou debaixo da mangueira. Surpreendeu
Mané Quim encostado ao muro, olhando para baixo em
direcção da casa da Escolástica.
    — Bô'tarde, Quim — disse, parando e encarando-o
com ironia.
    — Boa tarde — respondeu Mané Quim a contragos-
to.
    — Que fazes aqui sozinho, moço?
    — Eu? Nada.
    — Ué! Julgas que não sei o que estás tu a agoitar?
Mané Quim tinha a enxada na mão; mostrou-lha.
    — Venho do Ribeirãozinho — disse com enfado.
— Estou agora tomando fresco.
    Zé Viola fez uma careta:
    — Fresco apanhas na porta da tua casa. Não vês
que o sol já cambou atrás da Bordeira? Não presta sombra de árvore depois de sol cambar.
    — Estou aqui porque quero. Ninguém tem nada
com isso.
    — Quando é que vais embora? Ouvi nhô Joquinha
dizer que mais três dias ou quatro vai embora. E tu?
    — Não sei nada ainda.

— Uá! Ainda não tomaste uma resolução? Por causa de quê, moço? Tu não tens vontade de ir com ele?

Mané Quim não respondeu.

— Julgas que não sei uma coisa? Vejo de longe como canhota.

— Larga-me da mão, moço — resmungou Mané Quim, agastado. A presença do Zé Viola por essas bandas pareceu-lhe de mau agoiro.

— Encontrei Jack agorinha assim. Disse-me que não tens graça de ir com o teu padrinho. Mas eu te digo, se fosse a ti não queria saber desta terra pra nada. Ainda se caísse água do céu... — virou de tom. — Aquela pequena está sabinha deveras — fez um trejeito com o corpo para remedá-la. — Parece um pardalinho. Mas lá não pegas, garanto.

— Olha — ameaçou Mané Quim, desencostando-se do muro —, se vens buscar lida, toma cuidado. É melhor não me chateares — mostrou a cara tão carrancuda que o outro vacilou.

Uma manga madura caiu entre os dois, esborrachando-se contra as pedras. Zé Viola abaixou-se, pegou nela.

— Queres? — perguntou, estendendo-a para Mané Quim.

Mané nada disse. Manteve a cara fechada.

— Calhou bem. Eu tinha a boca seca — fez Zé Viola. Deu alguns passos afastando-se, depois virou-se fitando Mané Quim um momento. — Ela é minha prima. Já que vais embora com o teu padrim pra quê que hás--de a desencabrestar? O que te digo é que é menina nova. Se tu te metes por lá estás aqui estás casado. A prima Totona não é pra mangação — mostrou os dentes, deu com a enxada na aresta duma pedra do muro e foi andando.

11

Amanhecia. As montanhas começavam a emergir das sombras. A atmosfera era calma e quase fria; caíra geada durante a noite, e as pedras brilhavam como se tivesse chovido. Embora as sombras envolvessem a maior parte das montanhas, o céu enchia-se completamente de luz e, nos desfiladeiros do Alto Mira, a nuvem cor de catarro ia-se empalidecendo e desvanecendo.

A mãe e o Jack dormiam ainda; cautelosamente Mané Quim fechou a porta atrás de si. Trazia a enxada e um saco de serapilheira. Como era o seu hábito agora, dirigiu-se para os lados da casa de Escolástica. Antes de mais nada era esse o rumo que seguia; só depois ia à vida. Quando se aproximou viu a porta aberta. Escolástica devia estar a fazer cuscuz. Efectivamente lá estava ela de cócoras, tenteando o milho e baldeando a farinha para o saco estendido no chão do terreiro. Mané Quim agachou-se atrás do muro, gatinhou uns metros e ficou de atalaia. Agora ela recolhia o rolão com ambas as mãos e ia-o deitando para o pilão. Fazia isso com seriedade e solenidade, como se se tratasse da incumbência mais séria deste mundo. Todo o rolão tinha de ser reduzido a farinha; ela levantou-se, pegou no pau de pilar, precisamente pelo meio onde o colo era mais estreito e liso, e começou a bater com ele no pilão tum-tum-tum, com força e num ritmo de dança monótono num vaivém que constituía o acto mais significativo de todo o ciclo do milho, de todo o ritual de que o milho era o assunto principal, as pernas juntas, as coxas firmes, o busto acompanhando e ajudando o movimento compassado dos braços — ora um braço, ora o outro, ora os dois ao mesmo tempo — numa vénia ligeira mas decidida, a saia, puxada até aos joelhos, batendo contra o pilão e recuando, o lenço caído para a nuca, os seios lutando desesperadamente para se soltarem da prisão do corpete.

Mané Quim soergueu-se, acenou um braço de forma a ser visto. Escolástica que pilava virada para o caminho deu com os olhos nele e teve um movimento de surpresa. Em vez de mostrar o sorriso que ele esperava, arregalou os olhos sobressaltada, vacilou, deixou cair o pau no pilão, correu para a porta precipitadamente, entrando e desaparecendo no interior. Sinal de perigo, mas perigo muito grande. Não era só «toma cuidado»; queria dizer «estamos apanhados, perigo de morte»; enfim, o pior que poderia suceder. A voz de nha Totona chegou até ele nitidamente:

— Vai pegar no teu mandado. Que vens cá fazer? Não te quero ver diante da vista.

Mané Quim tornou a acocorar-se e galopou, de gatas, cosido ao muro, até ao cruzamento dos caminhos. Chegado ali levantou-se, permaneceu uns minutos à espreita.

A velha acordara de língua leve essa pela-manhã. Mané Quim estremeceu. Que seria? A mulher gritava, grunhia, como porca viciosa, dava murros na porta, parecia querer deitar a casa abaixo. Que se teria passado? Gostava de saber, a curiosidade era grande, mas a prudência era, nele, maior que a curiosidade. A rapariga aguentava o grande temporal sem repontar. Só a velha falava. Ouvia os gritos anasalados da mulher sem compreender o que dizia. Quando se zangava nha Totona virava fanhosa, só a filha compreendia as falas que saíam do seu nariz. Além disso o som da sua voz tomava nesses momentos uma qualidade difusa e imprecisa, imitando uma multidão a falar ao mesmo tempo. Tornava-se inquietante para os moradores mais próximos, e ninguém ousava aproximar-se da sua casa para acudir à filha. Mané Quim sentiu um medo terrível; talvez estivesse sucedendo nesse momento o que ele temia: que as zangas de nha Totona fossem contra ele; que ela com o seu faro de feiticeira tivesse descoberto o que se passava entre ele e a filha, e o fim do mundo começava naquele momento.

O dia rompeu de repente. As montanhas a oeste, a Bordeira e o Sírio mostravam já as faces vivamente iluminadas. Não demoraria que o sol chegasse às chãs e descesse para os leitos dos ribeiros. Mané Quim, reparando no saco e na enxada que levava consigo, lembrou-se de que tinha que fazer. Quando pisou o chão de pedras-pomes o sol tocava o Curral das Vacas de Cima, pousando no sopé da montanha. Olhou para o regadio e logo percebeu que algo de anormal acontecera ali. O pilar do batatal mostrava um rombo de quase uma braça de largo, e pela abertura a terra escoara soterrando alguns pés de mandioca no pilar inferior. Essa visão de estrago e ruína ali no seio dos seus trabalhos fê-lo esquecer de pronto a zanga de nha Totona e os maus presságios e ameaças que evocava; fê-lo esquecer a Escolástica aguentando sozinha o temporal; trocou nele o desânimo e o medo pela fortaleza de ânimo, pela combatividade e revolta. Com certeza as vacas de nhô Sansão passaram a madrugada tosando na plantação. Devia ter sido a vaca preta, bicho manhoso que aprendera a meter os chifres à cerca do boqueirão. Ia haver trabuzana, ia haver trabuzana! Desceu o atalho às carreiras. Quando chegou à ourela dos regos verificou que grande parte do batatal tinha sido cavada; em lugar dos tubérculos ficaram os ramos espalhados, as folhas murchas de poucas horas, e raízes à flor da terra.

— Malandros, malandros, malandros! — gritou de punhos cerrados. — Bebedores do suor de cada um, daninhos!

Fez uma vistoria demorada, estudou com cuidado a direcção das pegadas. Logo ao primeiro relance verificou tratar-se dum homem só. No silêncio da madrugada (aí por volta das quatro horas, mais coisa menos coisa), descera o boqueirão, cavara as batatas e depois de encher o saco escapulira pelo leito do ribeiro, onde os sinais se sumiam entre as pedras. Conhecia bem o regadio. Os daninhos conhecem as terras dos outros tão bem como os donos. Já sabia de antemão que as mandiocas não estavam sazonadas. Fora direito ao batatal, sem perder tempo, e safara-se com boa carga, mais de meio sacão no lombo, seus quarenta quilos, pelo menos. Bom negócio. Metera-se um pouco pela borda e, com o peso, a parede cedera.

O rego ficou dividido ao meio pelo entulho. Com a enxada que levava consigo, Mané Quim cavou no entulho estabelecendo uma estreita comunicação entre as duas metades, de modo a dar vazão ao excedente da rega. Dirigiu-se em seguida para a nascente. O depósito mal passava da metade, diferença de quatro, cinco dedos da véspera! Puxou a corda do tampão, e veio andando, limpando as morraças da levada com os pés. A água liberta entrou na levada, balanceando em silêncio. Virou para a direita e caiu sobre o primeiro pilar, depois, como uma grossa cobra cor de prata, precipitou-se para o segundo, derramando-se finalmente para o pilar do mandiocal, onde se depositou um momento. Antes que Mané Quim a auxiliasse, rompeu a entrada do primeiro rego indo esbarrar contra o entulho, ondeando para trás até estabelecer o equilíbrio. A voz da água caindo de pilar em pilar ecoou ribeiro arriba. Esse falar de água na terra era para Mané Quim a coisa mais preciosa deste mundo. Como se a própria natureza se comunicasse com ele na sua mais íntima e voluptuosa linguagem. Uma e outra, terra e água, se completavam para exprimir a glória da vida e da permanência da vida. E o homem ao escutar essa voz não podia deixar de compreendê-la e amá-la. Sim, amar a Mãe-Terra e a Mãe-Água com toda a força e pureza do Amor, compreendê-las como o menino compreende a linguagem da mãe e a canção de embalar e a profunda significação do embalo daqueles braços, e neles aprende a conhecer a segurança e a protecção contra as ameaças desconhecidas. O tanque esvaziou-se. A voz da água foi breve, calou-se como que amedrontada; e uma aragem perdida — as aragens de depois das regas! — veio do leito do córrego, rodopiou um momento, fez estremecer as plantas acabadas de regar, e ascendeu levando consigo o aroma de terra molhada. E o silêncio voltou a povoar de novo a sinistra obra do daninho, a terra violada por mãos assassinas. Mané Quim foi ao tanque vedar o busil. Voltou ao pilar arrombado. Pegou as batateiras arrancadas e meteu-as no saco. Deixou-se ficar de pé uns minutos contemplando os estragos. Era isso. Trabalhar meses, e no fim era isso. Para os daninhos levarem numa madrugada. Que vontade de matar! — Pra quê cavar a terra, esforçar-se por viver na paz do Senhor, se um dia, uma madrugadinha, o diabo desce pelo boqueirão e leva tudo? A luta braba. Agora começava a luta braba. Contra a carestia e contra os homens. O daninho era o sinal de alarme, o presságio. Sinal de ano ruim. Para todos se porem alerta. Mas que vale ficar alerta se o daninho desce na hora própria e leva o que quer levar, e torna a voltar quando de novo soar a hora própria? A princípio leva as batatas, depois as mandiocas. Depois vai às raízes tenras. Arranca tudo. Nem pra ele, nem prò dono. É a moléstia. Um bom cristão tem de matar para não morrer. Tem de matar. Se não não fica nada pra ninguém...

Sol alto num céu crã, limpo de nuvens. Joquinha governou a mula para o atalho apertado entre dois muros rasos de pedras soltas. Dum lado e do outro as terras estendiam-se acastanhadas e sedentas. O verde das plantas tinha ficado para trás. Agora era um estendal de calhaus, ruínas de antigos muros de vedação e de currais, terra ardida. Antigamente era tudo regadio. Um batalhão de regos por aí abaixo, quase toda a chã. Joquinha olhou à roda de si. «Que impressão nos fica na alma», pensou, «a gente procurar o passado nas casas onde outrora vivemos, nos companheiros com quem compartilhámos a infância e a juventude, no ambiente que nos envolveu — e não encontrarmos senão ruína e decadência. Não só aquelas ruínas que são a ordem natural das coisas... — já contamos com elas, o mundo não permanece sempre o mesmo, o progresso se assenta sobre demolições: uma coisa substituindo outra, um bem tomando o lugar de outro bem... O que confrange é verificarmos não ter havido uma compensação na morte progressiva dos bens que envolveram o nosso passado, tão disfarçado em poesia, tão travestido de ilusões hiperbólicas; o manto se rompeu, e ficou roto, a natureza ou os homens esconderam definitivamente a mão generosa, incapazes de reaver, renovar ou substituir os bens perdidos...»

Chegado a este passo Joquinha teve um movimento sacudido. Como se recusasse a seguir pelo caminho de amargura, mas serena poesia que o espírito o estava levando, fez uma careta de desgosto e um gesto de revolta. Exclamou em voz alta, batendo com o queixo na papeira:

— Papagaio!... — o corpo gordo, um pouco mole, bambulhou sobre o selim. Os muros do atalho eram estreitos, e o chão atravancado de pedras. A mula caminhava devagar, com segurança, enfiando os cascos nos intervalos para firmar as patas. Joquinha passara momentos antes junto à porta da casa do Lourencinho. Parou para lhe dar fala. Por dever de delicadeza. Tentou mesmo brincar, jogar-lhe umas piadas cordiais. Mas o velho não o recebeu de boa cara. Parecia uma pessoa com fortes razões de queixa e que aproveitava a oportunidade para desafogar. «Segue o teu caminho, Joquinha. Larga esse moço da mão. Vir de tão longe desinquietar a alma de cada um!...» Que tinha o homem com o governo de cada um? Mania do papagaio, pregar moral a todo aquele que lhe passava pela porta. Ora! ora! E ainda por cima gato assanhado bufando e cuspindo de raiva, crispando os dedos no ar, mostrando as unhas afiadas rijas e sujas. A princípio Joquinha levara a coisa a brincar, não pudera aguentar uma gargalhada: «Eu?! Mas nhô Lourencinho pensa que sou algum diabo à solta?», respondera.

«Se fosse a ti deixava o moço estar quieto onde está e seguia o meu caminho», Lourencinho brandindo uma pedra tremia de indignação enquanto falava. «Vadios sem vergonha; vadios sem vergonha! Quem vai não volta e se um dia volta é só pra vender o que deixou, como estás fazendo, e dar mau exemplo e contar basofarias à rapaziada nova... Que é que uma criatura vai fazer por este mundo de Cristo sem saber o que lhe pode suceder na vida, alma perdida a cevar naquilo que não é seu? Aqui ele sabe que seu destino é pegar na enxada e aguentar estes pedaços de terra que o Jaime que Deus haja lhe deixou. E é a única maneira de ele não perder a alma... Vai teu caminho, vai...»

— Sim, sim, nhô Lourencinho — vinha dizendo Joquinha de si para si. — Eu sei o que você quer dizer. Fui um *wonderkind*. Conheci mundo. Conheci gentes, terras bastantes. Grego, espanhol, português, alemão, chinês, é tudo, no fundo, o mesmo bicho. Cada um fala a sua língua para dizer as mesmas coisas. E as queixas das suas bocas são como as chapas de fotografia que dão cópias, mais ou menos carregadas, mas iguaizinhas umas às outras. Perder a alma para você talvez seja para mim ganhar a vida. Talvez. Mas o certo é que perdi a alma, aquela espécie de alma que você não quer ver fugir do corpo do meu afilhado, e que não é outra coisa senão o rosário de amizades, ternuras, dedicações, hábitos, recordações, compromissos de coração que a ausência, o tempo e a morte vão roubando... Foi talvez uma fímbria daquela alma extraviada, um pouco ressequida, que me voltou ao corpo num momento de milagrosa ressurreição e me puxou até aqui para matar saudades. Ah! Encontrei amigos mortos, caras desconhecidas, a terra desguarnecida e torturada pelas secas contínuas, não reconheci tantos amigos da mocidade, transformados e torturados eles também, pelas secas... Tinha deixado ao abandono umas nesgas de terra, tratei de as vender. Você tenha paciência. Aquela alma não se aguenta em mim. É demasiado pura e demasiado simplória, é uma voz que vem e vai como um aceno mas sem familiaridade já, ai de mim! Tenho meus interesses, nhô Lourencinho. Talvez um dia, quando o corpo pedir descanso, a alma volte com mais alma e me veja forçado a comprar de novo o que estou vendendo agora. O que digo é que, perdendo a tal alma, fiquei um pouco diferente. Perdi a inocência, quem sabe, perdi a felicidade talvez. No fundo, talvez eu é que tenha mudado e não os outros. Trago o fastio na boca e na minha nova alma, ora sim...

12

O sol secou instantaneamente as gotículas de geada que cobriam as folhas das plantas. Mané Quim pegou na enxada e deu uns passos em direcção ao entulho. Parou indeciso. Para quê? Sobre as mandiocas, antes mesmo de sazonarem, desceria um dia o daninho, o mesmo desta madrugada ou outro qualquer; desceria sombra de homem na noite mais escura e fria. «Pra quê?», repetiu em voz alta. Em chegando a sua hora, daninho é como o próprio escuro da noite. Ninguém o vê nem o sente. Desce como desce o diabo do inferno... Jack que viesse aguentar as vigílias e as friezas da noite, que desse topadas e quebrasse as canelas a correr atrás de sombras e fantasmas...

Ah! O padrinho matou a inocência, o heroísmo, que, como mato brabo, floresceram no seu coração. Plantara em seu lugar talvez a indiferença, talvez a revolta, talvez o egoísmo. Talvez não tenha posto nada em seu lugar. Era a derrocada, o divórcio, a solidão alastrando-se naquele vazio semeado de fresco.

Mas Mané Quim não resistiu. Empunhou a enxada e começou a trabalhar. A voz do sangue era impetuosa, vinha do fundo dos tempos. Era mais forte que as palavras da rua, mais forte que todos os interesses e todas as tentações. O Sol fez a jornada da linha das montanhas ao zénite. Mané Quim não largou a enxada um instante. Já a sombra se sumia debaixo do seu corpo quando o rombo ficou consertado, as pedras aprumadas como dantes, os camalhões nivelados de novo como se nada tivesse acontecido. Cavou parte das batatas que restavam, metendo no saco que levara consigo o suficiente para uma carga de mão. Como sentisse fome, retirou uma, lavou-a na baba de água que escorria da nascente, devorou-a sem a descascar. E só então se lembrou de que a Escolástica devia estar a lavar roupa, no tanque da chã. Deitou o saco às costas e em três, quatro minutos, galgou a rampa. Quando avistou a rapariga curvada a ensaboar, abrandou a marcha, aproximou-se pé ante pé, como daninho em direcção do batatal sazonado.

Mas ela pressentiu-o. Ergueu-se afogueada, os olhos grilidos, um pouco avermelhados e entumescidos como se tivessem derramado lágrimas. Olhou para ele com a expressão de quem tivesse gongon diante da vista.

— Não, não, não! — exclamou, estendendo os braços. — Sai daqui depressa. Vai andando por favor...

Mané Quim estacou assarapantado, virando a cabeça num movimento brusco como se pressentisse alguém atrás de si, de cacete levantado. Mas não havia ninguém, eram só os dois.

— Porquê, menina?! Que é que sucedeu? — balbuciou. Os lábios tremeram-lhe, sentiu a boca seca.

— Nha-mãe deu-me ontem à noitinha uma carga de açoites de vara de marmelo por modo de ti. De vez em quando vem espreitar. Foi daqui agorinha assim. Agora vai. Se te apanha aqui mata-me hoje mesmo. Vai por favor...

— Quem foi...?

— Vai depressa, não fiques parado, por favor — o tom da voz dela era quase brutal mas as palavras saíam ajoelhadas, súplices, da sua boca. E não lhe davam tempo a ele de compreender a situação, de formular um raciocínio. — Vai por amor de Deus — insistiu a Escolástica, ansiosa por vê-lo longe dos olhos. Era como se fosse ódio; mas não era ódio, era raiva; não sabia bem se era ódio, ou raiva. Sentia-se revoltada e tinha medo. Foi um tal levar de vara e lato, ficou com o corpo cheio de vergônteas, as carnes a doerem. Por causa dele. Talvez nesse momento sentisse ódio, sim. Tinha as carnes doridas ainda. Se a mãe aparecesse nesse momento seria bem capaz de pegar num calhau e lançá-lo às costas do namorado para mostrar à mãe que não queria saber do rapaz para nada.

Mané Quim não insistiu. As palavras e os modos da rapariga empurraram-no como braços brutais. Deixou-se levar impelido por eles. Antes de curvar o caminho ouviu a voz da Escolástica com uma entonação natural como se nada tivesse havido entre eles:

— Teu padrinho passou pra baixo tem pouca hora.

Parou, olhou para ela. Viu-a voltar as costas e curvar-se sobre a roupa ensaboada.

Era um casarão colmado, rectangular, de triste e feio aspecto. Na fachada sem reboco corriam em fila quatro janelas e três portas alternadas, de tabuado de figueira--brava, com os batentes empenados e os caixilhos apodrecidos por efeito do sol e da chuva. Erguia-se solitário na chã varrida de árvores. Uma ou outra cicatriz de antigo reboco que resistira ao tempo testemunhavam o abandono a que estava votado havia anos. A cobertura de palha, fendida em dois pontos, parecia esperar o momento propício para se abater. As curvas da cumeeira, como cordas de roupa a secar, indicavam as três divisórias interiores.

Joquinha parou a mula junto do terreiro. A porta achava-se aberta. Gritou: «Eh gentes! Eh comadre!» Desmontou, cruzou os estribos sobre o selim, levou a alimária para o oitão do lado da sombra. Prendeu a rédea a uma enxada entalada entre duas pedras da parede, fincada ali para esse fim. Sabia já a história da casa. Era uma história de ruína sobre ruína, vender um pedaço hoje outro amanhã, até à miséria total. Os cultivos minguando à medida que as chuvas escasseavam e secavam as fontes. Joquinha olhou ao redor. Cadê as levadas de antigamente e as mangueiras do caminho? Cadê a alfarrobeira gigante que irrompia no pátio e estendia os ramos vigorosos por sobre a casa e a cozinha? E, em frente, no terreiro, abrindo uma sombra tão boa, a frondosa árvore de borracha, ramalhuda e maciça? Cadê o caramanchão de maracujazeiro ao fundo do terreiro, a roseira de rosas brancas junto à janela da casa de jantar e cujo aroma o perseguira sempre na recordação da sua infância, e as hortas por detrás dos muros, e galinhas cacarejando e correndo estonteadas atrás de gafanhotos e borboletas coloridas, e o milharal de regadio e corvos grasnando manhentos das espigas virgens — enfim, todo aquele conjunto vivo ainda na evocação da sua infância distante? A alma do homem perde-se, sim, de desgosto e desilusão. É como o gato que quer ver tudo como estava, e se espanta e se embravece quando os móveis dão sumiço ou deixaram de ocupar os lugares habituais...

Uf! E o calor de agora! Não era assim antigamente, palavra de honra! Deu a volta, entrou pela cancela. «Eh gentes», repetiu — mas nha Joja já estava à porta, envolvida no seu luto, saia arrastadeira, madrião e lenço dum preto muito sovado, quase cinzento.

— Deus Nossenhor salve ocê, compadre.

Joquinha abraçou a velha amiga.

— Me desculpe não ter aparecido mais vezes, comadre; não tenho tido um tempinho de meu.

— Como vai então a bizarria? Rijinha, hein?

— Caindo mais que levantando. Já um pedaço de coisa apodrecida, compadre, esperando a morte.

— Ná, ná. Ainda pra bons pares de anos. Gente de antigamente, ora sim.

— Ocê entre, compadre, entre pra dentro.

— A sombrinha tá boa, me sento aqui mesmo, me sento aqui mesmo — ao lado da porta encontrou um mocho de figueira encostado à parede. Estatelou-se nele, desamparadamente, como se tivesse levado uma paulada. Puxou o grande lenço vermelho de pingos pretos, esfregou o pescoço, a papeira, o rosto para enxugar o suor — como se paulada, acertada na testa, lhe alargasse o rosto de sangue. Assoou com força — *dó, ré, mi* de cornetim —, dobrou o lenço que se sumiu no bolso das calças. «Ora sim.» Era a segunda vez que vinha a casa da comadre desde que aparecera na Ribeira dias atrás, depois duma ausência fora da terra de uns vinte e tal anos.

— Como as terras de pra-baixo convidaram, a ocê, compadre! Está vendendo saúde...

— Me lembro bem. Era magrinho. Fiquei magrinho um ror de anos; me conservei cação no mar até pôr os pés em terra. Depois que me enferrolhei em casa virei boi manso, criei barriga.

Entraram depois no passado, era uma porta tão fácil de abrir, cada um puxando uma coisa, uma e outra ajustando-se a um mundo só, um mundo dos dois e de outros, tão real e firme como o chão que pisavam nesse momento. Para ela é o que valia neste mundo: aquela cadeia ligada ao coração como um cordão umbilical, aqueles fantasmas do passado passeando vivos sobre as coisas mortas de agora, ligados à extremidade da cadeia. Lembrava-se do compadre ainda fedelho — menino mofino que ele era!

— Me lembro, me lembro — repetia Joquinha.

— Gatinhava pela alfarrobeira acima, ia buscar ninhos de pardais. É como se fosse ontem. Estou-me a ver de cócoras mascando tabaco de rolo e cuspindo nas pedras dos muros para as lagartixas comerem. Abriam o bocarrão, engoliam tudo, bebiam o cuspo, ficavam zonzas; pegava nelas com as mãos depois...

Vieram outras histórias, as chuvas de antigamente, os tempos de despensa farta; falaram dos mortos. Nha Joja foi escorregando até sentar-se na soleira da porta. Depois pôs-se a choramingar baixinho, esfregando as mãos uma na outra, sacudindo com o polegar, de vez em quando, as lágrimas que se acumulavam na extremidade do queixo e pingavam uma que outra no peitilho do mandrião. Sentia grande gosto com aquele chorinho calado.

— Coisas de antigamente, ora sim, coisas de antigamente. Enfim, lá vão. Águas passadas não molham os pés. Não vale a pena se afligir, comadre.

Mas não se afligia, não. Não se afligia. As lágrimas davam-lhe gosto, aliviavam-lhe as penas, tornavam leve o peso da vida Deitá-las cá para fora era um alívio e uma consolação...

— A vida é assim, infelizmente, comadre... — continuou Joquinha, com embaraço. — Eu tenho também as minhas queixas. Tenho também meus mortos. Mas devemos cuidar do que está por cima da terra e deixar descansar os que estão por baixo... — apoiou as costas à parede, olhou para a linha das montanhas por cima dos contrafortes do Alto Mira. «Só as rochas não mudaram», pensou Joquinha. «Tudo o mais morreu. A vida virou tão pequenina, tão acanhado o presente, que todas as janelas dão para o passado, para as moradas dos mortos. É por isso que falas baixinho, velha, para os não acordares...» — Ora sim, comadre — disse em voz alta, sem deixar de olhar para as montanhas, num tom de quem acabasse de despertar e fincasse os pés na realidade. — Eu vinha cá para falar do assundo do meu afilhado... — tirou o lenço do bolso, passou-o de novo pelo rosto. — Me interessa uma decisão agora mesmo porque dentro de dois ou três dias me vou. Resolvi ir de repente, recebi uma carta de São Vicente...

Nha Joja pendeu a cabeça para o regaço, encolheu-se toda como se tivesse frio.

— Destino de meus meninos é ir um a um — foi dizendo num tom lamuriento de litania, os olhos fixos nas mãos que ela continuava passando uma sobre a outra num movimento teimoso e monótono só interrompido para sacudir as lágrimas do queixo. — Destino de meus meninos é ir um a um — repetiu. — Depois que «Deus-haja» (referia-se ao marido morto) nos deixou, o meu codê Joãozinho numa das voltas que foi a São'Cente meteu-se num vapor estrangeiro e nunca mais eu soube dele. Era um mocinho mexido. Não parava num lugar. De pequenino foi preguiçoso no andar, tão preguiçoso que nós esfregámos-lhes nagóia nos pés. Nagóia é um bichinho d'água que faz ir menino longe. Dizem que morreu, veio notícia que foi torpedeado. Nunca acreditei. Tem anos que espero por ele. Não me escreveu uma linha. Está furando a vida onde quê. Só Tiago me escreveu. Sabe ocê? Tiago era mocinho mais sossegado, falava pouco; um bocado de parecença com o Jack. Tinha ido pra soldado; estragaram-no. Tirou a farda e não voltou. Seguiu depois o caminho do Joãozinho. Não sei o nome da terra-de-baixo onde ele está. Posso mostrar as cartas ao compadre. Duas cartas só. Eu tenho ali na caixa, mostro depois. Mas a vida não está correndo sabe pra ele. A vida não está correndo sabe pra ninguém. Eram ao todo sete meninos, três morreram aqui na Ribeira das Patas, estão enterrados no cemitério do Curral das Vacas. Só tenho o Jack e o Quim. Agora ocê quer levar-me o Quim...

Falou numa enfiada como se estivesse rezando para si mesma, sem curar de saber se era ouvida ou não. Fazia-lhe bem falar assim, dizer tudo. Era um alívio, uma confissão. Como se tivesse a culpa de a vida ter corrido assim. O crime de ter vivido mais que os outros, de ter impedido a jornada dos outros, de ter desviado o caminho dos outros...

— Está bem, comadre, está bem. Vamos falar com calma. A gente faz o possível por endireitar a vida. Queixume não conserta nada. A gente vai conversar direito...

Era agora o homem de negócio. Pão pão, queijo queijo. Levantou-se.

— Não vim cá buscar o Mané Quim à força. Vai se quer; se não quiser, paciência! A comadre sabe que é meu afilhado; a sua situação não pode deixar de me afligir... Além disso, se ele for comigo fica bem entregue. Não vai ao deus-dará como os outros. Leva o futuro na mão. É isso que quero que a comadre saiba: o afilhado leva o futuro na mão — ao dizer isso Joquinha alçou-se nos bicos dos pés deixando-se cair violentamente sobre os calcanhares, ao mesmo tempo que o queixo pareceu esmagar a papeira. Para se acalmar levou a mão à cabeça num movimento semicircular da fonte esquerda para a fonte direita. Retemperado e calmo continuou: — Quero fazer-lhe um bem. Ou por outra, não é um bem, é uma dívida que desejo saldar. E se lhe faço o bem é para pagar o bem que o seu falecido marido e meu saudoso amigo me fez a mim. Tenho estado a pensar que dívidas aos mortos pagam-se aos filhos dos mortos. Quero ajudar o afilhado, comadre. Da mesma forma como o pai dele me ajudou a mim. Não me deu dinheiro: abriu-me o caminho do trabalho honesto. É por isso que quero levá-lo comigo e ensinar-lhe como é que um homem trabalha e triunfa na vida. Tenho a impressão, comadre, que o afilhado é um moço direito. E a comadre não ficará desamparada, nem sem notícias, até que um dia ele venha aqui matar saudades. Era isso que eu queria dizer.

Puxou do lenço, enxugou as camarinhas de suor que lhe escorriam pelo rosto. Nha Joja continuava esfregando as mãos, de cabeça caída para o regaço. Foi nesse momento que Mané Quim transpôs a cancela:

— Padrim dê-me a bênção — disse, estendendo a mão direita e segurando com a esquerda o saco.

— Deus te abençoe. Estávamos precisamente a falar de ti.

Mané Quim aproximou-se, de cara amarrada. Poisou o saco no chão ao lado da mãe, arregaçou as calças e sentou-se sobre o saco. Foi a mãe quem falou primeiro.

— Não mataste o jejum ainda. Saíste de madrugadinha e só agora é que assomas.

— Comi batata crua e fiquei farto — foi a resposta, lançada num tom desabrido como se se sentisse demasiado fatigado para dar explicações.

— Já te disse que comida crua faz moléstia de barriga. Onde estiveste todo este tempo?

— No Ribeirãozinho...

Vacilou. O padrinho não precisava inteirar-se das intimidades da casa. Nha Joja olhou para o filho com ar inquisitorial. Já não era a mulher que lidava com os mortos. Era a dona das suas terras e mãe dos seus filhos. Era a voz calma e segura e os olhos enxutos.

— Que é que tem no Ribeirãozinho? Que sucedeu pra lá?

Então Mané Quim não se importou mais; explicou com indiferença:

— Estive consertando estragos no Ribeirãozinho. Daninho entrou lá esta madrugada...

Nha Joja levou as mãos à cabeça.

— Que é que dizes, moço? Jesus Maria Santíssima! Já começaram os malvados! É uma disgrácia...

Mané Quim continuou no mesmo tom, como se a ferida lhe não doesse:

— Cavou quase a metade do batatal, deixou um pilar arrombado, mas consertei. Tá tudo como dantes. Não há novidade.

Joquinha deixou-os falar.

— Temos de colheitar todas as batatas sazonadas hoje mesmo. Quando Jack vier vamos lá os dois.

— Pois claro. Vocês vão buscar o resto das batatas. É uma disgrácia...

Quando Joquinha tomou a palavra, preparando-se para um longo discurso, começara por dizer: «Ora sim...» Mané Quim interrompeu-o:

— Não é preciso mais histórias — disse, com impaciência e entonação decisiva. — Eu vou com o padrim — repetiu: — Vou com o padrim; não é preciso mais histórias.

Nha Joja deixou pender a cabeça de novo e recomeçou aquele chorinho que era o seu destino e a sua consolação.

13

- Então? — perguntou o André quando Joquinha regressou a casa.

— O rapaz sempre se decidiu.

— Pois claro. Nem podia deixar de ser. Mas que cara é essa homem? Tu devias estar contente...

— Eu devia estar contente. Estou contente mesmo. Mas a comadre se sente desamparada. Eu tenho pena apesar de tudo.

— Desamparada?! Ora essa! E por que hás-de ter pena se é um bem que fazes à pobre velha e a esse moço? É uma sorte que lhes caiu do céu, é uma caridade que lhes fazes.

— É, sim. Uma caridade triste... Além disso nem sempre a primeira colherada é doce. O menino não gosta. Só depois se habitua... O que te digo é que o dinheiro não é a coisa mais rica deste mundo.

— Que raio de piada é essa de colherada, homem? De vez em quando vens com ela...

— No fundo, sim... O bem é mais para mim que para eles. É o que te digo... Mais para mim... O dinheiro às vezes não vale nada...

Segunda parte

1

Porto Novo não tem montanhas. Ali há vento à solta, mar raso por aí fora franjado de carneirada. Há distância: um azul que navega e naufraga num mundo sem limites. Lá adiante fica São Vicente, cinzento e roxo, roxo e cinzento, depois é só horizonte. O mar, quando cai a calma sobre o Canal, desliza ora para o sul ora para o norte, consoante a direcção da corrente, como as águas dum rio que ora descessem para a foz ora remontassem da foz para a nascente.

As árvores são torcidas e tenazes, têm a rijeza dramática das desgraças hereditárias ou das indomáveis perseveranças. Cheira a marisco que vem das praias de seixos rolados e areia negra. Cheira a poeira das ruas onde há bosta de mistura. Cheira a melaço e aguardente, a fazenda e a coiro dos armazéns. Cheira a maresia no vento que sopra por sobre os telhados. Mas há água canalizada da Ribeira da Mesa, um chafariz público onde as alimárias bebem, uma horta exuberante no Peixinho e um jardim emaranhado e virgem à beira-mar.

Porto Novo é vila de futuro, dizem. Uma estrada paralela à praia corta-a ao meio; é a rua principal. No seu portinho aberto de mar picado balançam, quase sempre, um ou dois faluchos vindos de São Vicente. O comércio progride. As lojas são providas de toda a sorte de bugigangas. Têm fazendas medidas a jardas, lenços de cores berrantes, mercearia, quinquilharias, têm espelhinhos, jóias artificiais, barros de Boa Vista para todos os usos, alfaias, panelas, caldeirões de ferro de três pés, têm tudo. A clientela é vasta, quase a terça parte da população dos campos da ilha cai ali. Trazem produtos agrícolas, trocam ou vendem, invadem as lojas. Deixam os nomes nos livros de conta-corrente; pagam prestações. Há empréstimos, dívidas, hipotecas, juros astronómicos. Fornecedores de frescos à navegação do Porto Grande, vendedores e vendedeiras do mercado de São Vicente vão ali adquirir frutas, galinhas, ovos, hortaliças, por baixo preço. Contrabandistas de aguardente pululam. Até à hora da debandada das tropas de burricos, dos homens e mulheres de campo, ao meio--dia ou uma hora da tarde, a estrada enche-se de movimento e gritos num vaivém de feira ambulante, canastras, frutas, lenha, gado. Os faluchos zarpam ajoujados. São Vicente devora tudo, pede mais. Uma vela branca e oblíqua cruza com outra no meio do Canal. À tarde Porto Novo é uma vila morta.

Joquinha instalou-se na pensão da Maria Lé, casinha de rés-do-chão com dois quartos para hóspedes e uma saleta de jantar. Não se podia contar sempre com a Maria Lé. Às duas por três despedia os hóspedes, fechava a porta da pensão — preferia negociar porcos e galinhas a aturar fregueses de cama e mesa. Tinha as suas esquisitices. Tanto se lhe dava ser arisca e insuportável como tornar-se um modelo de cortesia. Recusou--se terminantemente a alojar Mané Quim na pensão. Quando Joquinha chegou os quartos estavam vagos mas ela esperava essa tarde, por volta das três horas, o sobrinho duma comadre de São Vicente. Joquinha não se importava que o afilhado dormisse no seu quarto, mas Maria Lé mostrou-se irredutível. As divisões da casa eram acanhadas e o calor sufocava. Não podia consentir. Desculpasse. Quis mostrar-se assim amável para com o hóspede. Mané Quim assegurou ao padrinho que tinha onde passar a noite. Costumava dormir no quarto do Mariano quando pernoitava no Porto Novo. Ora sim. Joquinha estendeu-se na caminha de ferro sobre o ruidoso colchão de palha de milho. Estava morto de fome, mas mais moído ainda da longa jornada. O afilhado poisou no chão, junto da janela, a valise do padrinho e o pequeno caixote com alça de arame forrada de pano e que era a sua maleta. A janela tinha um resguardo de arame de capoeira para que os hóspedes a deixassem aberta sem receio; assim o quarto era arejado e seguro. Tanto as paredes como o forro e as vigas do tecto estavam caiados de fresco. Maria Lé apareceu limpando as mãos no avental:

— É um quartinho sabe como o senhor está vendo. O melhor da casa. O outro não tem janela pra rua. Reservei-o prò sobrinho da comadre que deve chegar no falucho *Flor do Mar*. Vou tratar de pôr uma cortina daqui a pouco, assim o senhor fica mais à vontade. Agora o senhor vai dizer o que é que quer pra comida.

— Ora sim. Quero saber primeiro o que é que tem.

— Tenho ovos. O senhor pode dizer como gosta. Eu sei preparar ovos de todas as modas — enquanto falava, Maria Lé torcia nervosamente a boca para o lado, espiava de esguelha medindo as sílabas e observando o efeito das suas palavras na cara do interlocutor. — Também tenho chouriço e batatas; posso fritar batata inglesa ou doce, como quiser. Tenho também banana madura...

— Bem bom — fez Joquinha imitando a fala de São Vicente. — Você tem cachupa guisada?

— Ah, é pena! Eu tinha um bocado na caldeira, mas esteve aqui uma tropida de rapazes do Paul, e comeram tudo. Dizem que ninguém faz cachupa no Porto como eu. É coisa que dizem. Todo o modo...

— Ninguém morre por isso — atalhou Joquinha. — Vai-nos fazer omeletas de ovos com chouriço e batatas fritas. Muitas batatas. Para mim e para o afilhado. Ora sim. Ponha um cacho de banana.

— Credo! Pra quê um cacho todo?!

— Bem, não ligue importância, estou caçoando.

Maria Lé deitou uma mirada suspicaz para o rapaz:

— Este moço é seu afilhado? — perguntou torcendo a boca quase até à orelha.

— É claro que queremos pão e vinho.

— Vinho? Agora vinho não tenho. Costumo ter às vezes, mas estes dias atrás não tenho tido precisão. É uma bebida que azeda dum dia para outro. Se o senhor dá dinheiro mando comprar...

— Senta-te nesse banco aí — disse Joquinha para Mané Quim, logo que a mulher os deixou. — Depois do almoço vamos sair juntos. Tenho de comprar umas coisas. Precisas dum boné decente, para desembarcares mais arranjado em São Vicente. Lá te arranjarás devidamente.

Mané Quim permaneceu de pé, encostado à janela. Joquinha notando o seu constrangimento meteu outro assunto.

— É verdade: esqueci-me de perguntar à comadre esta manhã se recebeu o meio saco de batatas e o dinheiro que lhe mandei...

— Recebeu, sim. Eu estava em casa quando as coisas chegaram. Aquelas batatas...

— Que aconteceu com as batatas?

— Não aconteceu nada... Onde é que o padrinho comprou as batatas?

— Foi num homenzinho dali do Curral das Vacas. O André sabe disso, o homenzinho é direito. Porquê?

— Por nada.

— Quanto ao dinheiro, não me pertence. É um adiantamento. É parte das mesadas que hás-de ficar a mandar à tua mãe. Encarreguei o André de falar depois com ela a esse respeito, ora sim. Senta-te aí, tu parece que não tens as pernas cansadas...

Mané Quim sentou-se perto da janela, olhando para a rua em direcção às montanhas.

Joquinha virou os olhos para o tecto. Deixou correr uns segundos. O afilhado não se sentia à vontade. Havia de se habituar aos poucos. Talvez fosse melhor assim. Virgem de maus costumes, o espírito aceitaria com mais docilidade os bons hábitos. Sem desviar os olhos do tecto soltou a pergunta que lhe ardia debaixo da língua:

— Então, estás contente?

Ouviu-se o mar caindo em ondas desamparadas nos seixos da praia, e risos e palavras soltas de raparigas passando na rua. Uma rabanada de vento sacudiu a cobertura de palha, entrou na ruela transversal, levantou um punhado de terra e lançou-o para dentro do quarto.

A pergunta fora inesperada. Mané Quim, que tinha a boca cheia de cuspo, engasgou-se ao tentar engoli-lo, subiu-lhe o sangue à cara e pôs-se a tossir penosamente. O padrinho veio em seu auxílio:

— Tu o que tens é saudade, isso sim. Deves estar com saudade...

— Tenho saudade da minha gente, sim.

— «Ora sim», pensou Joquinha. — É natural — disse com brandura. — Toda a gente sente saudade quando parte. Mas é uma doença à-toa. O homem se habitua a arrumar a saudade a um canto. A primeira colherada do xarope às vezes custa. Depois nos habituamos a curar a doença, ora sim. Nos habituamos a calcar a saudade, é o que quero dizer. Me percebes bem? É como levar um saco pesado. O passado é um saco pesado. Cada homem leva o seu. O volume e o peso do saco é que fazem distinguir um homem doutro homem. Se enche de todas as saudades, de todas as reviravoltas da vida. Há uma maneira de tornar mais leve o fardo: é não pensar no peso que tem mas na riqueza que guarda. Quando carregas um saco da colheita da tua horta não vais dizendo: «Levo quarenta quilos no lombo, não sei como chego a casa com quarenta quilos no lombo.» O que vais pensando é que transportas o fruto do teu trabalho, e ficas contente porque o teu suor não foi em vão. Não é assim? O que custa não é levar o saco; mas o suor que suámos para o encher. E o mais engraçado é que todo o suor que suámos tornará leve a carga que levarmos no lombo, ora sim...

Depois do almoço foram ao Posto Administrativo arranjar as guias de embarque. O chefe de posto recebeu o Joquinha festivamente:

— Ora cá temos o senhor Joaquim Silva...

— Amigo, eu sou Joquinha para todo o serviço. Joaquim Silva cheira a naftalina. Cá me tem, ora sim, de volta para o trabalho. Já me sinto cansado de não fazer nada.

— Com que então, vai deixar a nossa terra. Tomara eu ir consigo, tomara eu. É o meu sonho, o Brasil! O carnaval do Rio, oh!, aquilo deve ser uma loucura! A Copacabana, o Pão de Açúcar, o Rio nocturno; aquela iluminação! Famosa em todo o mundo, a iluminação do Rio — o chefe de posto era jovem, baixo, exuberante de gestos e de palavras, sempre que começava uma frase alçava-se nos bicos dos pés como para se medir com o interlocutor, deixando-se em seguida cair pesadamente sobre os calcanhares. — Fantástico, aquilo deve ser fantástico. Quer levar-me na sua mala, senhor Joaquim... senhor Joquinha, quer levar-me? — riu um risinho espirituoso batendo uma pancadinha familiar nas costas do homem do Brasil.

Joquinha abriu um riso bonacheirão.

— Lá para onde vou não tem iluminação famosa, amigo, nem tem carnaval como no Rio — disse, com ar desolado. — É um lugar pacato, amigo, onde se trabalha mais do que se brinca. Para mim o Brasil é Amazonas, é Mato Grosso. Digo mais ao meu amigo: para mim o Brasil começou apenas. É um grande boi onde cada um tira um naco. Por enquanto estão-lhe roendo as unhas. Mas o melhor como sabe está por baixo da pele. Brasil será Brasil quando entrar a sério no Amazonas... Eu vou para Manaus, a terra que bebe no Rio Negro. O que ali tem de fantástico é diferente: é cada um poder apontar para uma árvore perdida na floresta e dizer: «Aquele árvore que está vendo ali basta para fazer a fortuna duma família.» — Enquanto pronunciava estas palavras Joquinha olhava significativamente para o afilhado.

Saíram.

— Vou-te comprar umas coisas — disse arrastando Mané Quim pelo braço. Entraram numa loja. Comprou um boné, um cinto de coiro amarelo, um pente, um espelhinho de algibeira. Enfiou ele mesmo o boné na cabeça do afilhado, meteu-lhe o espelho e o pente na algibeira. Ali mesmo obrigou-o a arrancar o lato de coiro gasto sem furos nem fivela, e a substituí-lo pelo cinto novo. Mané Quim deixou-se manobrar maquinalmente, e vermelho de vergonha porque o caixeiro havia-lhe dito: «Com este boné ficas mesmo prazenteiro», e um rapaz bem vestido que se tinha encostado ao depósito de sal, fora do balcão, a observar a cena, soltara uma risota tola que fez o padrinho arregalar os olhos, muito sério. — Em São Vicente te mando fazer dois ou três ternos — ia dizendo o padrinho ao longo da rua. — E umas camisas. Tens de acostumar os pés aos sapatos. Ali na Ribeira das Patas vocês têm a mania de andar com os pés no chão, mas não é bonito num rapaz da tua idade e da tua criação, ora sim.

Joquinha sentia-se feliz. Navegava na onda larga duma euforia paternal, gozava uma satisfação muito íntima que borbulhava como vapor de água e lhe subia à flor da pele. Experimentava a mesma felicidade dum pai que tivesse pegado de novo o filho pródigo. Entrou em quase todas as lojas. Dizia aos caixeiros: «É para o meu afilhado.» Comprou chocolates. Comia chocolate como menino guloso; passava a metade ao afilhado. Duma feita Mané Quim foi quase brutal; devolveu-lhe o pedaço dizendo com secura:

— Não gosto destas coisas.

A rude franqueza do afilhado não o chocou.

— Te habituarás. Com o tempo te habituarás. Chocolate é lambarice que ninguém recusa.

Quando se aproximaram da pensão parou levando ambas as mãos aos rins.

— Me sinto derreado — disse com uma careta.

— E eu que já me não lembrava, tem graça! Vou descansar os ossos. Tu agora procura esse teu amigo e combina dormir no seu quarto esta noite. Em todo o caso voltarei a falar no assunto à Maria Lé. Aparece para o jantar. Até já.

Mané Quim tomou por uma esquina em direcção à praia. Joquinha caminhou para a casinha da Maria Lé. Quando passou pela loja que fazia esquina com a pensão, lembrou-se de cumprimentar o dono do estabelecimento. Este lia atentamente um livro colocado sobre o balcão. Joquinha entrou de mão estendida.

— Boas tardes, amigo senhor Artur. Já estou de volta.

O homem levantou a cara. Era vesgo. Os olhos giraram mecanicamente nas órbitas como duas rodas dentadas, pararam ao acaso, cada um olhando para o seu lado. Era desse modo que o comerciante Artur exteriorizava a surpresa e a satisfação.

— Olé, senhor Joquinha! Muito boas tardes. Entre cá para dentro — correu para a porta do balcão, abriu-a. Era uma honra que não concedia a qualquer um.

— Ná, ná, obrigado, amigo. É só de passagem. Estou mais morto que vivo. Não ando afeito a cavalgadas, ora sim.

Artur tinha-lhe sido apresentado em São Vicente por um amigo que lhe afiançara ser pessoa amável e muito prestável.

— Mas onde é que está instalado?

— Aqui mesmo ao lado. No hotel da terra.

— Na Maria Lé? Ah, não! O senhor vai mudar-se já para a minha casa. Por que não me avisou logo à chegada?

— Não me lembrei, amigo. Muito agradecido. Mas não faz mal. Estou bem lá na mulherzinha. Também é só por hoje. Além disso trago meu afilhado comigo; comemos juntos, sabe.

— Como quiser, mas eu teria muito prazer, muito prazer. Veja lá...

— É como se tivesse aceitado. Agradecido. Ora sim. Então os negócios?

— Mal, muito mal — acudiu logo o comerciante. — Como vê, às moscas. Vamos a ver para diante — fez um movimento circular de dedo como roda a andar.

— Então, que tal o passeio? Boas impressões, hein?

— Miséria, muita miséria, ora sim. Fiquei desolado, quando não vi água caindo das rochas como antigamente...

— A ocasião é realmente má para quem vem matar saudades...

— Me lembro bem; antigamente chovia em Junho ou Julho. Já estamos em Setembro e não vejo chuva cair. É medonho.

— Não é tão medonho, assim, senhor Joquinha — disse Artur, com acento sibilino.

— Que me diz! Então não é uma coisa feia? Estão

lá para a Ribeira das Patas cheios de cagaço. Pudera, amigo senhor Artur!

— Eu lhe digo; é bom de vez em quando uma secazinha. O nosso povo é muito soberbo, precisa baixar a crista um pouco. Nos anos de fartura não se encontra uma mulher nesses campos para transportar um saco. Os homens sentam-se nos terreiros das casas a tocar viola e a fumar canhoto, e não querem saber do resto. Se a gente anda em negócios no interior, vemo-nos à rasca para carretear os produtos...

— Bem, mas isso não é razão. Quem não precisa trabalhar trabalha se quiser, naturalmente. A estiagem é mal para todos... Não é um castigo, é uma desgraça, amigo. E nem sempre aqueles que se salvam são melhores que os que sucumbem...

— Eu lhe digo — atalhou o comerciante, com um olho na rua e o outro no Joquinha. — Não desejo mal ao povo. Sou comerciante. O senhor conhece bem o que são estas coisas. Faço cá a minha vida, mas franqueza franquezinha, a chuva que é bem para uns pode também ser mal para outros. Cada um se vai governando como pode. A seca pode beneficiar a muita gente...

Pareceu a Joquinha que algo estava errado naquele homem. Seus olhos desencontrados não viam as coisas com clareza. Ou talvez o comerciante Artur estivesse exagerando para o experimentar, para saber até que ponto as aventuras e a ausência teriam secado a ternura no seu coração. Joquinha falou com prudência:

— Não quero lembrar o bem ou o mal que estas calamidades trazem a uma meia dúzia; em todo o caso acho que é quando há mais fartura que há mais negócio. Cada um troca o excesso do produto que tem em casa pelo excesso de outro que o vizinho guarda. A satisfação é geral, há progresso, há bem-estar. A oportunidade é para todos...

Artur não se deixou comover com a eloquência do Joquinha. Com um gesto seco de mãos e um faiscar de olhos vesgos barrou a corrente impetuosa. Atalhou calmamente, amassando as palavras num sorriso próprio para clientes recalcitrantes:

— Pode ser para uns. Para outros não. Eu cá... —

vacilou. Depois falou franco. — Vou dizer-lhe uma coisa. O senhor é forasteiro, não temo a sua concorrência, e saberá, certamente, guardar a confidência... Arranjo este ano uns cobres se não chover. Isso é falar com o coração na mão. Pra quê fingir? Toda a gente aliás sabe que tenho os armazéns a abarrotar de milho. Se quer números redondos, lá vão: tenho armazenados cerca de cinquenta contos de réis em milho. O comércio é um jogo, o senhor sabe muito bem, e quem joga não quer perder. Pelo preço que comprei o milho, é para obter um lucro de cem por cento. Como vê o senhor Joquinha, é um dilema...

— Então, pelo visto, se estivesse nas suas mãos, o amigo impedia que chovesse este ano, pois não é?

— Era bem capaz, era bem capaz disso. Por que não? Pelo menos este ano, pelo menos este ano — respondeu o comerciante, balanceando a cabeça pensativamente. Depois com um sorriso confidencial e um olhar assincrónico como se trocasse um olho pelo outro, acrescentou: — O senhor deve calcular como tenho andado com o coração no papo...

Joquinha aproximou-se da porta. O mar calmo e profundo deslizava para o Sul como um rio. A tarde caía rápida. Todo o litoral de Santo Antão escurecia. Grossos rolos de nuvens iam cobrindo o céu, mas São Vicente, do outro lado do Canal, desenhava-se com extraordinária nitidez, completamente iluminado por um cair de Sol radioso. O Porto Grande era um ventre aberto onde alguns vapores flutuavam. Artur saiu do balcão, aproximou-se também da porta. Divagou o olhar duplo.

— O tempo está sempre a armar e a desarmar — disse, espreitando as nuvens que se ensanduichavam em redor das montanhas do interior. — Parece rondar para oeste. Ninguém me diz que não está chovendo nas Ribeiras. As nuvens às vezes agarram-se aos picos mais altos dos cabos das ribeiras e dali não saem. O senhor julga que muita gente não olha ansiosamente para o céu nesta altura?

— O amigo Artur também olha para o céu — respondeu Joquinha, pondo um pé na rua.

— Cada um sabe o que pensa e o que deseja.

— Olhe — disse Joquinha —, quer ouvir uma opinião maluca? Se eu fosse o senhor mandava deitar todo aquele milho no mar. Tenho a impressão que com tanto peso em cima eu não poderia erguer a cabeça para o céu...

Artur arregalou os olhos parando um no Joquinha e outro a trinta graus algures no céu nublado. Depois, inesperadamente, soltou uma gargalhada.

— O senhor tem um piadão. Isso fazem os senhores lá no Brasil, que é um país grande e rico. Negócios são negócios, não é?

— Pois é. Mas eu não estou confundindo negócio com negócio, ora sim. Me creia, amigo senhor Artur; tenho sempre opiniões malucas, e não é por mal que as deito pela boca fora. Mas se eu tivesse a possibilidade de mandar cravar a você, impunemente, uma navalha nas costas para ficar com todo seu milho, não o faria apesar de tudo...

E enquanto se afastava, Joquinha ia pensando na comadre Joja. Quem sabe?, talvez lhe tivesse cravado uma navalha nas costas, tal qual o comerciante dos olhos tortos — o homem capaz de sentir a maior alegria se acaso a chuva não regasse os campos ardidos da sua ilha!...

2

O almoço tinha sido fraco. Estavam ambos esfomea-
dos. Não havia, para o jantar, fritos nem outros disfar-
ces. Cachupa só, mas abundante e sobretudo apurada
e com «todos os matadores». Maria Lé serviu-lhes primeiro o caldo, apanhado à tona da panela, gorduroso e
substancial. Pousou no centro da mesa com toda a cautela, porque vinha a transbordar, um travessão com a
cachupa fumegando e cheirando bem. «Cheirando
cachupa mesmo», comentou Joquinha.

— Assim mesmo é que recomendei. Nha Maria Lé
sabe do ofício, fez exactamente como eu queria. Tudo
caldeado. Não concordo nada com duas travessas, uma
de cachupa só e outra de cozido. Cahupa para mim é
tudo o que sai da mesma panela. Uma família só. É o
que eu dizia ao André: «Não gosto de separação.» Não
é, nha Maria Lé? Casados é na mesma cama.

— Olé se é, nhô Joquinha — respondeu Maria Lé
com a boca torcida de satisfação, e esfregando as mãos
no avental. — A gente faz separação por grandeza. É
mesma coisa na comida. Também pra dar ideia de
muitos pratos, como se fossem os olhos a comer e não
a boca. Pra mim isso é uma falsidade.

O prato, apesar de bastante largo e fundo, transbordava. Joquinha sorveu umas colheradas do caldo. Quando o conteúdo desceu ao nível conveniente, deitou-lhe dentro a cachupa, um naco de carne de porco, talhadas de batata-doce e de mandioca, uma porçãozinha de couve, uma banana verde, uma racha de abóbora já a desfazer-se. Abaixou a cabeça, fez uma exploração minuciosa até acertar com o toucinho. Encheu o prato, que fumegava e exalava um aroma estonteador. Um aroma que fazia dilatar as paredes do estômago.

— Faze tu a mesma coisa, rapazinho. Faze como estou a fazer. Vamos ter muito tempo para cerimónias. Cachupa é comida de família, não é manjar de cerimónia.

Com a faca reduziu tudo a pedaços minúsculos — carne, batata, mandioca, toucinho, banana. Um trabalho de paciência, quase insuportável para quem se torce de apetite. Joquinha era metódico.

— O senhor Joquinha tem boa boca — observou a Maria Lé, sem deixar de esfregar as mãos no avental. — Eu gosto de ver pessoa assim de boa boca. Faz a gente vontade de comer também.

— Sempre gostei duma boa cachupada — disse Joquinha, com a boca cheia — principalmente quando está apuradinha como esta.

— Ora senhor — respondeu a hospedeira, torcendo a boca ainda mais, lisonjeada. — Não ficou tanto ao meu gosto. A carne de porco estava um pedacinho frescal... Mais uns dois dias, então o senhor havia de gostar deveras. O que digo ao senhor é que muita gente não gosta de eu pôr cachupa na mesa...

Joquinha mastigava devagar, reunindo na colher uma pequena porção de cada composto do prato. Mané Quim, de cabeça baixa, enchia a colher com menos ciência mas levava-a à boca num ritmo muito mais acelerado.

— Essa gente não presta — disse Joquinha depois de esvaziar o copo de vinho. Virou-se para o afilhado:
— Olha rapazinho, mete vinho para dentro, que dá força ao sangue — e sincronizando a voz para Maria Lé:
— Pois é isto, ora sim, essa gente não presta. Gente fina. Vá você perguntar a um cabo-verdiano em qual-

quer lugar do mundo: «Que é que gostaria de comer agora mesmo?» A preto ou a branco, a rico ou a pobre. Soberba faz muito finório dizer que não gosta de cachupa. É comida de pobre, é comida de preto. Ah, ah, ah! Aqui na sua terra. Mas em pisando terra longe não pensam senão na cachupa e no cuscuz. É verdade, ia-me esquecendo. Quero cuscuz amanhã ao café. Nha Maria com certeza pode me fazer...

— Está bem, senhor — Maria Lé estava nos seus melhores dias. Era a cortesia em pessoa. — Sim senhor, por que não? Preparo-lhe um binde de cuscuz. Vou-lho fazer num binde de casca de coco. O senhor vai ver como fica sabinho deveras. Deito-lhe uma muínha de canela, o senhor vai ver.

— Ná, não quero canela. Cuscuz ao natural. Com manteiga, é claro. Da terra ou de lata, como quiser.

— Está bem, senhor. Tempo tem estado um bocado sequioso. Cuscuz tem seus caprichos, não quer tempo sequioso. Conforme é o tempo assim pode ficar melhor ou pior. Suão não presta...

— De qualquer modo cuscuz é sempre bom. Não esqueça então de guisar cachupa para o almoço. Com toucinho, ouviu?

— O senhor deixe estar que fica bem entregue (Maria Lé estava irreconhecível).

Joquinha compreendeu que tinha chegado o momento de a lisonjear:

— Nha Maria Lé é um prodígio, uma artista. Se fosse agora mesmo para o Brasil arranjava fortuna com toda a certeza.

Maria Lé abriu um riso lateral que lhe desenhou duas máscaras, uma jocosa e divertida, outra lúgubre, quase trágica.

— Ai, senhor Joquinha! — exclamou, escondendo as mãos no avental e levando-as ao peito. — Brasil pra mim são sete palmos de terra e uma cruzinha de riba. Quando eu era nova pensei ir pra América, mas sorte não é pra todo o vivente. Agora só quatro homens me tiram da minha casa.

Joquinha não queria tristeza. Sentia-se bem alegre e feliz hoje. Pegara um filho grande: era finalmente pai.

Pensou no outro quarto vago. Ficaria mais tranquilo se o afilhado dormisse lá. Preferia tê-lo ao seu alcance, não fosse o tal amigo virar-lhe a cabeça. E a hospedeira parecia estar suficientemente amansada para se tentar o assunto de novo. Primeiro contou um pequeno episódio: «uma vez encontrei um patrício em Boston, na Eugenia Street, havia vinte anos que ele tinha abandonado a terra; como me acompanhavam outros amigos o homem chamou-me de lado e disse-me com ar de quem esperasse um milagre da minha parte: «Sabe Jack, *sure*, tenho saudades de três coisas: papiar crioulo, dançar morna e comer cachupa.»

Joquinha bebeu outro copo de vinho e falou com a voz adocicada:

— Palavra. Gostava que o meu afilhado dormisse no outro quarto. Então, o tal sobrinho da sua comadre sempre veio?

— Veio sim — respondeu Maria Lé vivamente.
— Coitado, chegou enjoado, foi logo pra cama.

Nesse momento alguém chamou do quintal: «Eh Bia Lé!» Maria Lé foi até à porta espreitar. Virou-se para Joquinha:

— É o patrão do falucho *Flor do Mar.*
— Mande entrar, ora sim.

Mané Quim não soltara uma palavra durante a refeição. O padrinho olhou para ele de soslaio. Pensou: «Este rapaz é bem-parecido, tem o cabelo encaracolado e bonito, lhe ensinarei a lidar com as pessoas, se habituará depressa; encontrará depois uma brasileirinha prendada que lhe completará o curso...»

Joquinha engoliu o último bocado. Esvaziou o terceiro copo. Virou-se bruscamente para o afilhado que cabeceava:

— Tás com sono, rapazinho. Deve ser da jornada. Bebe um copinho e vai dormir. Te hás-de habituar a te deitar mais tarde...

Entrou um homem esguio, molengão, sem gravata, de fato de cotim militar, uma pasta sebenta numa mão e o chapéu preto de abas moles na outra. Era o patrão da *Flor do Mar*, o faluchinho mais garboso e fura-água da carreira. Caminhou para a mesa balanceando o corpo.

— Boa noite, senhor — seu ar era de quem não tinha tempo para conversa, modo apressado de homem de negócio.

— Ora boa noite, senhor capitão. *Flor do Mar* sai amanhã, não sai?

— Se Deus quiser.

— Eu mais o meu afilhado vamos amanhã para São Vicente, já deve saber.

— Sim, senhor, já sei. Não esqueça de arranjar as guias. Polícia de Capitania anda alerta agora por via desse papelinho.

— Está tudo pronto. Não há novidade. A que horas levanta ferro?

— Marquei a saída pr'às dez. Mas o senhor não dê importância. Saímos lá pra uma hora. Pode estar no cais um pouquinho antes, para embarcarmos no mesmo bote.

— Bem, está combinado, à uma hora. O senhor capitão não nos vai pôr aí toda a tarde à espera, hein?

— Governei a sair pr'às dez a ver se a carga fica embarcada toda até meio-dia e meia a uma. Este pessoal põe as cargas no cais à última hora. Dou sempre duas horas e meia a três de tolerância. A não ser quando tem muita carga, mas o senhor pode estar descansado.

— Então já sabes — disse Joquinha para o afilhado. — Não há muita pressa. Vai dormir com sossego.

— O tempo está virando um pedaço para oeste, mas amanhã toma a sua posição. *Flor do Mar* é bom veleiro e pode aguentar qualquer tempo. Anda agora afinadinho, esteve arrastado para limpar e pintar, e levou cabos novos... Em todo o caso qualquer alteração na saída, o senhor será avisado.

— Ora sim, muito bem. O senhor capitão sente-se então. Eh nha Maria! Traga um copo. O senhor vai beber um copo de vinho comigo...

— Ah não senhor, obrigado.

— Não tem obrigado para não. Vai beber mesmo.

3

Mané Quim fechou a porta atrás de si. A noite era negra, o vento redemoinhava levantando poeira. Nenhuma estrela se mostrava no céu cor de fuligem. O mar roncava surdo como cascata no fundo dum ribeiro caudaloso.

Passaram três rapazes com um foco eléctrico. Levavam um cone de luz adiante riscando pequenas sombras esguias no chão que iam ficando para trás e sumindo-se nas trevas. Mané Quim seguiu o grupo. Os rapazes pararam, envolveram duas raparigas que vinham em sentido contrário. Mané Quim passou-lhes adiante. O foco bateu-lhe bruscamente nos olhos e desviou-se. Um dos rapazes perguntou curvando-se para as raparigas: «Onde é a festa?» Outro gritou para o vulto que passara por eles em silêncio: «Boa noite, se faz favor.» Mané Quim não respondeu; curvou a primeira esquina, à esquerda; andou uns passos; desviou-se para a direita, por uma ruela inclinada que desembocava num amplo areal junto do mar. Foi quando ouviu um grito perto: «É ele!», e logo a figura esguia dum homem de grandes pernas e curvado para diante passou por ele resfolegando, numa corrida desenfreada. Era seguido de perto por dois vultos que tanto podiam ser seus companheiros como perseguidores. Os passos soaram pesados como maços de calceteiro. Mané Quim coseu-se à parede da casa, escutou. Os homens desapareceram na escuridão, os seus passos confundiram-se com o barulho das ondas e desvaneceram-se. Houve um intervalo. Mané Quim ouviu as ondas perto caindo e raspando a praia pedregosa. De repente mais passos soaram junto dele duros e rápidos. Três homens penetraram na ruela a correr. O primeiro levava um foco. Mané Quim deslizou até junto duma porta onde se agachou pegado à ombreira. O vento redemoinhava junto da porta antes de entrar no areal.

— Foi por aqui — disse um deles. O que levava o foco parou de chofre diante de Mané Quim.

— Quem és tu? — berrou, com o fôlego tomado. Dirigiu-lhe o foco para o rosto. Os outros aproximaram-se. Mané Quim, encandeado, não viu mais nada senão o clarão. Pensou em fugir. Todo o mundo fugia esta noite, não viu razão para não deitar também a sua carreira como os outros. Sentiu-se tomado de pânico por não compreender o que se estava passando à sua volta. Esboçou um gesto que o denunciou. Foi então que lhe sucedeu uma aventura extraordinária.

— Pega, Tiofe! — ordenou o homem do foco com um acento teatral de polícia amador. Devia ser o chefe. Uma mão nervosa agarrou-lhe o braço direito. A mão tremia e apertava com exagerada energia. Os homens tinham todos a respiração ofegante. O que estava livre colocou-se do outro lado e segurou-lhe o braço esquerdo.

— Viste como ele quis fugir, ahn? A mim não me enganou.

Apanhado de surpresa, Mané Quim não protestou. A voz prendeu-se-lhe na garganta. Tentou lutar, mas arrastaram-no para o areal onde este se abria num largo desabrigado. Ali o vento soprava sem obstáculo e trazia o cheiro a marisco e borrifos do mar encapelado.

— Não fui eu, não fui eu! — conseguiu gritar por fim, desorientado. — Vocês larguem!

Outros vultos aproximaram-se vindos dos lados do mar.

— Houve facadas — disse uma voz. — Inácio está na farmácia a curar.

Focos eléctricos cruzaram-se. Os homens que vieram do lado do mar traziam também um prisioneiro. Falavam todos ao mesmo tempo como se não tivessem chefe. Mas alguns eram autoritários como regedores. Assim pareceu a Mané Quim. Só o prisioneiro se mantinha calado. Excepcionalmente alto, vinha à mercê dos outros, aos tombos, a cabeça pendida para o peito, como se lhe tivessem descarregado alguma cacetada. Decerto se fizesse um gesto de força os outros cairiam por terra como bonecos, pois davam-lhe todos pelos sovacos. À primeira vista parecia estar a representar um papel contra a vontade, deixando-se levar para não ser desmancha-prazeres.

— Deve ser este que nós trazemos — disse o chefe do bando que prendera Mané Quim. O tom da voz traía o orgulho de ser ele, só ele, o herói da noite.

— Não senhor. É este altão aqui — protestou um dos do outro bando. — Vim a correr sempre atrás dele.

— Então são os dois.

— Eram três ou quatro, mas só um é que fugiu pra baixo. Os outros escaparam pràs bandas da Ribeira Fria; corriam no escuro como gatos brabos. Não larguei este da vista. Eu também sei correr de noite.

— Não viste, Chico, que ele fez jeito de corrida quando lhe deitei o foco da lâmpada? Ninguém me diz que este não está metido na dança.

Começou a acumular gente, curiosos emergidos das trevas, atraídos pelos gritos; vultos negros na noite escura e focos batendo neste e naquele, interrogativamente. Uma voz anunciou aos gritos que o chefe de posto vinha aí. Encostaram os presos costas com costas. Emocionado mas estimulado pelo silêncio Mané Quim deixou correr o marfim, confiando na sua estrela, e já mais calmo. Os focos de luz batiam neles, ninguém conhecia aquelas caras. O chefe de posto chegou, apressado e nervoso, com um cavalo-marinho na mão. Os focos cruzaram-se e fez-se silêncio. As ondas raspavam com

afã os seixos da praia e o vento pegava na areia e ar-
remessava-a contra as roupas, como refregas nas velas
de navio desarvorado.

— Onde é que está? Onde é que está? — o chefe
de posto espiava curvando-se diante de cada vulto,
como se quisesse ver em cada cara a máscara que ele
procurava.

— São dois, senhor administrador.

— Quantos mais melhor, quantos mais melhor.
Onde estão eles?

— Deve haver engano — esclarece uma voz. O homem que falava pelo outro bando deu um passo em
frente sem largar o preso, que o acompanhou empur-
rado pelos companheiros. — Só este alto é que fugiu
pra baixo. Toninho não estava lá; Toninho não viu. Eu
vi todos os outros meterem-se pràs montanhas.

— E esse outro então que faz aí?

— Ouvimos corrida, viemos atrás e apanhámo-lo
agachado na porta de nha Engrácia ali assim mesmo. Já
ia a formar corrida quando pegámos nele. Não é, Chico?

O chefe de posto pediu uma lâmpada, focou Mané
Quim de alto a baixo.

— Parece que fizeram asneira, suas bestas. Este rapaz, se me não engano, segue amanhã para São Vicente. É afilhado ou o que é do Joquinha brasileiro. Não
é, moço? — perguntou, iluminando a cara do rapaz.
Virou-se para os outros: — Quem foi o asno que o
mandou prender?

— Duas vozes responderam de pronto:

— Foi Toninho, senhor administrador.

— Deixa estar que amanhã terás divisa de sargen-
to. E o outro, esse aqui? Vocês têm a certeza que é um
dos da malta?

— Toda a certeza. Vim sempre atrás dele. Corre
como cavalo, o diabo do homem, é ver essas pernas;
mas não lhe fiquei atrás.

— Se não fosses cavalo não corrias tanto como ele.
Revista-o a ver se tem faca. Vá, não tenhas medo.

Nessa altura o homem tentou fugir. Houve um princípio de confusão. O chefe de posto correu em direcção contrária à do preso. Um ou outro também se

precaveu, e precisamente um destes que se afastara mais do que era necessário recebeu uma forte chicotada de cavalo-marinho por se avizinhar demasiado da autoridade. Com grande alarido, o homem foi dominado. Revistaram-no. Tiraram-lhe um facão do cinto. À luz do foco eléctrico o chefe de posto, que se aproximara rapidamente, verificou que a lâmina não tinha indícios de sangue. Então todos se afastaram formando um círculo. Já sabiam o que ia suceder. O homem ficou isolado, e a custo aguentava-se em pé.

Mais emocionado que vexado, Mané Quim logo que se viu desobrigado sumiu-se no escuro, sem esperar uma satisfação da parte dos homens. Presenciou o resto da cena à distância; mas apenas sentiu o chicote nas costas do outro virou-se caminhou cosido às casas, olhando furtivamente para trás como criminoso absolvido por engano. A casa do Mariano ficava perto, a frente virada para o Canal. O areal ali estreitava-se desenrolando-se como uma passadeira macia junto das casas. Depois eram os calhaus roliços, pelo declive abaixo até ao mar, sobre os quais as ondas caíam com grande estrondo, chocando-os uns contra os outros como um desmoronamento. São Vicente emergia da noite a nove milhas, do outro lado do Canal, com o porto e a cidade vagamente iluminados por um polvilhar difuso de oiro sobre o mar inquieto.

O vento corria ao longo da praia, rente às casas desoladas de rés-do-chão. Mané Quim puxou o boné para a cara, inclinou o tronco em direcção ao vento e foi pisando o areal até junto duma casa baixa e de meia porta exterior, onde parou. Bateu duas, três vezes. Esperou. Tornou a bater. Mariano tinha-lhe avisado: «Não me encontrando em casa procura-me no Cirilo.» A tasca do Cirilo ficava arredada do mar, na ruela mais traseira da vila. Jogava-se ali o orim a dinheiro, formavam-se dois partidos, às vezes até tarde, de porta fechada. Para não passar pelo mesmo lugar onde esteve prestes a ser chicoteado, caminhou ao longo das três casas que se seguiam à do Mariano, dobrou a esquina, meteu-se entre os botes arrastados que fediam a peixe podre. Ouviu uma voz perto:

— Eh Mané Quim! Psiu... — era o Mariano, um moçarrão, em mangas de camisa. — Ouvi bater mas não sabia que eras tu. Anda cá. Houve grande alarido um pouquinho antes mesmo diante da minha porta. Parece que apanharam os homens que traziam o grogue. Não sei ainda bem o que sucedeu. Cheirou-me que eles queriam esconder-se na minha casa. Estou a dizer assim porque a trabuzana foi mesmo pegada à minha porta. É uma vida desgraçada, coitados. Eu é que sei o que eles penam por essas rochas, por caminhos de cabra e no escuro da noite, para fugir aos fiscais. Vieram cair na boca do lobo. É vida de cada um. O grogue devia ser pra mim, pra eu levar pra São Vicente. Mas chegou um pouco tarde. Meu bote saiu dias-há. Foi depois que me deixaste. Está agora no mar, navegando.

Falava em voz baixa, com calma. Empurrou o Mané Quim adiante dele, entrou puxando a meia porta. Debruçou-se sobre esta, olhou um instante para a rua e depois fechou a porta interior dando a volta à chave.

Alguém riscou um fósforo. Mané Quim notou a presença de dois homens. Um deles, descalço, trazia uma camisola de algodão sem mangas, o boné deitado para a nuca. O outro, que aproximara o fósforo da vela e voltara a sentar-se, vestia um fato de caqui, camisa e gravata do mesmo tecido, e usava botas de atanado. Tinha no regaço o chapéu de feltro de abas largas, tipo cow-boy, com fita de coiro. Sentara-se ao lado do homem de camisola, num banco comprido colocado perto do catre e encostado à parede.

— Boa noite — cumprimentou Mané Quim, com a voz trémula, mal refeito ainda da comoção por que acabara de passar.

—Boa noite — respondeu o homem de boné. O de fato de caqui virou-se para ele e disse sem responder ao cumprimento:

— Viste o sarilho lá fora? — a voz do homem era autoritária; tinha os olhos grilidos e atentos.

— Eu? Não sei de nada.

— Como! Não encontraste uns sujeitos aí fora? — insistiu o de fato de caqui curvando-se para diante, com as mãos em concha atrás das orelhas porque o ruído das ondas abafava as palavras do rapaz que parecia ter a voz presa na garganta.

— Encontrei, encontrei sim. O chefe de posto deu de chicote a um...

— Ah, deu de chicote? Este rapaz está mijando fora do penico. Não sabe com quem está metido.

— Esta coisa de dar de chicote é que não está consoante — comentou o de camisola e boné, que parecia ser a sombra do outro.

— Mas a quem deu ele de chicote? — voltou a perguntar o primeiro.

— Não sei de nada. Eu não conheço essa gente. Sabe, eu não sou destas bandas. Sou do campo.

O homem de fato de caqui não ficou satisfeito com a explicação. Meteu a mão no bolso, trouxe um cigarro. Voltou à carga:

— Tu parece que estás com medo de falar. Não viste o chefe de posto dar de chicote? Devias ter visto também quem levou. Estou a perguntar como era ele.

— Ah, sim. Era um homem alto, mais alto que esta porta. Nunca o tinha visto; isso é lá com eles.

O que interrogava Mané Quim olhou significativamente para Mariano.

— Deve ser o Chico — disse. — É o que me palpitou logo. — Depois acrescentou a meia voz, para não ser ouvido por Mané Quim: — Só da minha parte eram quatro latas de dezoito litros. A não ser que as tivesse deixado na Ribeira Fria. Vamos a ver agora se não me mete na contradança. Mas Chico é bom homem, coitado. Morre de pancada mas não descose a boca.

Levantou-se, foi encostar na chama da vela a extremidade do cigarro, chupou o tornou a voltar para o banco.

Mané Quim sentou-se num mocho encostado à parede, ao lado da porta. Mariano ocupou a ponta do catre junto dos dois homens. Houve um curto silêncio depois do qual os homens e Mariano começaram a cochichar. Em certa altura Mariano disse para o de fato de caqui:

— Vai levar uma cadeada rija, coitado. O pobre do Chico tem uma ninhada de filhos. Conheço-os. Ele é de por lá da Chã de Lagoa, dos cabeços da Ribeira de Chã de Pedra. Uma ocasião dormi na casa dele quando o frio da noite me pegou no caminho. O senhor devia dar fala ao chefe de posto...

— Tás doido, moço! — quase gritou o outro, com expressão de surpresa nos olhos arregalados. Não me meto na boca do lobo. Se não estivesse comprometido, ainda vá. Assim, nem pensar nisso.

— Nem dado de vidro — reforçou o de pé descalço e boné. — Era meter a boca no anzol.

— Queres dizer meter o anzol na boca... — emendou Mariano, soltando uma risada. Tens a mania de falar ao contrário de todo o mundo, Griga.

— Cada um no seu ofício — continuou o homem de fato de caqui, sem dar importância aos comentários. — Chico que se aguente. Tenho pena, mas cada um que responda pelas asneiras que faz. Se ele foi rato, eu não serei rato também, moço. Não é assim então?

Como não recebesse apoio do outro, continuou:

— Não sei como é que um homem assisado se deixa apanhar assim num mundo de rochas e debaixo do escuro da noite. E cheio de responsabilidades como ele vinha. Até dá raiva, palavra. Porque afinal quem perde somos nós e não ele...

— Mas ele tem uma ninhada de filhos em casa... — teimou Mariano.

— Mais uma razão para ter juízo e saber fazer as coisas.

Esta conversa não interessava a Mané Quim. Enquanto os homens falavam, ora aproximando as cabeças ora afastando-as, conforme a gravidade do assunto, o filho de nha Joja dormitava cabeceando, como que remedando-os, completamente alheio ao que se passava ao seu lado. O homem de caqui levantou-se, entalou o chapelão na cabeça. Disse com vozeirão de comando:

— Bem, vamos andando, Griga. Quero dar-te uma falinha primeiro, Mariano.

Mané Quim despertou. Roçaram por ele sem se despedirem. Mariano falou da porta:

— Olha, vai deitando. No catre. Não me demoro nada. Deixa a vela acesa.

— E tu, onde te deitas?

— Tenho aí uns sacos, estendo-me no chão; não te importes. Emprestei o outro catre a uma pessoa.

Mané Quim encontrou os sacos debaixo da cama. Estendeu-os no chão, junto ao catre. Pegou num rolo de corda nova, pendurada a um prego atrás da porta, ajeitou-os para servir de travesseiro. Despiu o casaco e deitou-se.

O mar roncava perto como uma manada de bois doidos que rodeasse a casa...

4

Mariano assoprou a vela e deitou-se.

— Tás acordado? — perguntou. Uma curiosidade, uma ponta de inveja, incitavam-no.

Mané Quim queria era dormir. Aqui no Porto Novo toda a gente se deitava tarde. Como se a noite não fosse feita para a cama.

— Sim — respondeu só, com a voz débil. Os sacos pareciam balançar docemente debaixo dele.

— Então, moço, sempre vais prò Brasil? Sempre nhô Joquinha te leva prò Brasil? Terra sabe... Até parece que é mentira, ahn?

Mané Quim sentia-se tonto, como se tivesse caído de grande altura, esborrachado contra os sacos de serapilheira. Mariano queria era conversa. Mané Quim afundava-se e tornava a emergir à superfície. O sono e a vigília começaram a lutar nele luta igual. Mariano queria ouvir a voz do amigo que ia para o Brasil. Mas o amigo não dizia nada. Mariano trauteou de si para si: «Tirei o meu anel de doutô para não dá qui falá...»

— Eu gostava de deixar isto também e ir pra lá. Tomara eu, moço! — falou tão alto que acordaria o amigo se este estivesse a dormir. Ouviu o Mané Quim soltar um suspiro. — Já me cansei desta vida. Todo o homem cansa-se da vida sem proveito. Tu naturalmente já estavas cansado da tua.

Mané Quim deu um quarto de volta e ficou deitado de cara para o tecto, os braços cruzados sobre o peito.

— Um dia, eu mais meus companheiros balançávamos a meio caminho de São Vicente, quando apareceu um vapor italiano vindo do Norte, Canal abaixo. Pois quis atirar-me, ouviste?, pra ser recolhido pelo vapor. Eu disse pra meus companheiros: «Quero ir naquele vapor. Vocês vão remando que eu fico aqui nadando com Deus. Só América do Sul me cerca.» Tava chateado aquele dia. Não sei se já notaste que é quando a gente tá chateado que a gente toma resolução. Quem não tá chateado tá bem da vida. Não procura mudar. Tinha uma coisa no coração aquele dia, parecia que um bom destino me tava puxando. Garanto, falava a sério naquele momento...

Mané Quim continuava sonolento, num estado de pura receptibilidade, de abandono. Sentiu um arrepio. Como se aqueles sacos se tivessem, de repente, transformado em ondas e o tragassem. «Seria esse um bom destino», pensou «ser abandonado assim no meio do mar? Então quis saber:

— E tu caíste mesmo no mar? Nunca ouvi contar isto... — o mar amedrontava-o, o mar era medento. Ali sobre os sacos ouviu as ondas roncando na praia e estremeceu de novo. Imaginou-se a bracejar no meio do Canal, os peixes ruins berrando para ele, farejando a sua carne. Admirou a coragem do amigo.

— Meus companheiros não tomaram a sério — explicou Mariano, desalentado. — Puseram-se a rir. Tava cheio de zanga e desgostoso, aquele dia. Mas eles troçaram de mim, eu tive também de levar a coisa na mangação. Garanto-te, se eles não troçassem eu saltava mesmo. Acho que quando um homem fala, os outros devem levar a sério o que ele diz. Basta um homem abrir a boca pra gente saber que ele vai falar a sério. Homem que não é sério não é homem, é menino. Pois digo e torno a dizer, um dia salto do bote e nado prò largo, pra proa dum vapor. Tenho a certeza que o vapor me salvará e me levará pra longe. Ou senão vou pra São Vicente e fujo como os outros têm fugido; meto-me no paiol dum carvoeiro qualquer. Tenho um amigo lá, seu nome é Jul'Antone, com quem já combinei. Eu mais Jul'Antone qualquer dia damos pé de carreira... Sou homem de trabalho. Conheço a lida do mar. Um bom *captain* deve gostar de mim... — calou-se um momento, para mudar de tom. Continuou: — Tu sim. És um moço feliz. Tens um padrim que te leva prò Brasil. Terra sabe daquela...

— Terra sabe... — repetiu Mané Quim, como um eco. Por uns momentos as palavras do Mariano afugentaram-lhe o sono. No seu arcabouço de homem de enxada, o coração martelou, tomado de emoção. O mar largo, um vapor, a solidão e, no fim do mundo, uma terra grande que chamavam Brasil. Maior que São Vicente e Santo Antão juntos! Oh! Maior que dez vezes São Vicente e Santo Antão juntos! Calculou as distâncias. Os pés esfolados daquelas caminhadas brabas... Mas padrinho Joquinha falou-lhe dos carros chamados bondes. Bondes, automóveis, comboios. Sentia uma espécie de terror quando pensava nisso tudo. Teve, de repente, saudades da sua ribeira mansa, da sua casa solitária e tranquila no meio da chã, do regadio do Ribeirãozinho onde o seu sonho era explorar a nascente, fazer espichar água da rocha.

Lá fora, nesse momento, o mar urrava como animal de campo. Outras vezes imitava a trovoada. As ondas rolando na cascalheira da praia pareciam bois furiosos raspando sem cessar com os cascos. O chão de terra batida tremia como se as ondas abafassem a casa — assim como nas horas de chuva rija quando os ribeiros trazem pedregulhos rolando pelo leito abaixo. O mar queria chegar até ele antes de tempo. Talvez já tivesse minado os alicerces da casinha do Mariano e a levasse já no plano inclinado da praia, a caminho do abismo. O vento soprava agora com mais força assobiando nas frestas da porta. Não soprava vento assim na sua ribeira. A mangueira do meio da chã, a mangueira onde ele e a Escolástica costumavam encontrar-se, era alta, frondosa e imóvel. A voz de Mariano dominou aquele barulho todo.

— O mar está embrabecendo — disse como se falasse para si. Depois com entusiasmo: — Olha; um dia destes estive em São Vicente. Na semana passada. Vi lá uns brasileiros, dum navio-escola ancorado no porto. «O cimitério do Rio é mais divertido que a tua terra, seu moço», disse-me um deles. Como a terra deles não há--de ser! Por isso é que são abusados... Conheces São Vicente? Ah, nunca lá estiveste. Pois, São Vicente é terra sabe, vais ver. Tem gente pra cima e pra baixo, como os campos do Norte no dia de Santo André, ou Porto Novo na véspera de São João. Tem automóveis, lojas sem destino, botes em penca na ourela dos cais. Mete Porto Novo mais de dez vezes dentro. Vou lá sempre que me dá no gosto. Mas tenho de voltar depressa porque não levo guia. Chefe de posto já me não dá guia, por causa cá dumas coisas. Vou por abuso, e quantas vezes eu quiser, sem guia, sem dinheiro, assim deitado como estou aqui. Fazes bem moço em deixar a Ribeira das Patas. Vidinha de burro, aquela. Já ouvi dizer que agricultura é maneira de empobrecer sem perder esperança. E quando tudo acabar fep? E quando a esperança não tiver por onde pegar? Larga aquela história toda. Vai arranjar dinheiro com o teu padrim. Se não viesses a tempo, passarias fominha com a secura que vai fazer este ano. És feliz porque tens um padrim que te leva pra longe desta besteza...

Mariano falava num atropelo. Era com esforço que Mané Quim seguia o seu pensamento. As palavras galopavam, levantavam pó, tudo ficava confuso, indistinto. Faziam-lhe andar a cabeça à roda. Chegavam-lhe aos ouvidos embaralhadas como se escutasse o gramofone do regedor da Ribeira das Patas, aquele famoso gramofone de campânula que o regedor tocava depois dos casamentos e baptizados.

— Como é que os faluchos te levam sem guia? O patrão de *Flor do Mar* disse ao padrim que os polícias de Capitania não deixam desembarcar sem guia...

— Só viajo no meu bote. Quando há calmaria eu mais meus companheiros metemos os remos na água, vamos a pulso; quando há vento fincamos mastro e içamos vela. Cruzamos o Canal numa bordada. Eu vou no governo quando sigo com eles.

— Vocês não têm medo?

— Quem anda no meio de perigo anda de olho aberto. Quem tem olho aberto não tem medo. É proibido aos botes atravessarem o Canal mesmo nos dias de calma. Quando o vento sopra rijo o Canal enche-se de carneirada; refregas da ponta de João Ribeiro enganam o timoneiro mais sabido. Navio não aguenta se timoneiro passa lá de olho fechado. Quando a capitania de São Vicente iça bandeira vermelha nenhum veleiro tem ordem de levantar ferro. Mas essa lei não é pra nós. Quem tem medo senta polpa em casa, não se mete na folia. Medo só presta quando ensina. Quando não ensina é ruim.

— Ah, mas eu não ia com vocês — disse Mané Quim. «Um bote no meio do canal!», exclamou para si. «Desgraçados!» Uma onda rebentou nesse momento com grande estrondo. O chão da casinha tremeu. O marinheiro soltou uma risada.

— Medo por medo, temos mais medo de polícia da Capitania e guardas da Alfândega — explicou Mariano. Tinha hoje vontade de falar. Continuou em tom desimportado: — Eles são desmancha-prazeres, não deixam um filho-de-parida chegar ao fim da festa. Mas somos mais sabidos que polícia da Capitania e guarda da Alfândega.

— Eu não era capaz de ir com vocês — repetiu Mané Quim.

— É uma vida endiabrada, sim. Não são as noites de calma, as melhores. Preferimos as noites ventosas, para despistar. São nove milhas para quem segue a direito. Mas nós não seguimos a direito. Olha: só vai quem sabe o que vai fazer. É preciso corpo de peixe, ouvidos de tísico, olho de coruja e ter mais esperteza que corvo velho. Mas mesmo assim Deus vai com a gente. No ano de cima, o bote do Chico Peixinho revirou na costa leste de São Vicente; ele e mais dois filhos e um rapaz de Sinagoga morreram; só se salvou o Tanha, seu filho mais novo, nadando para a ilha de

Santa Luzia, a favor da corrente. Os pastores encontraram-no, de manhãzinha, meio morto, estendido na praia. Esteve fechado na cadeia uns tempos. Hoje é nosso companheiro porque é valente. O bote do Chico Peixinho não prestava porque tinha pouco bojo, e era fraco de cavername para o mar largo. O nosso bote é o melhor dos que fazem esta vida. Quem viaja nele viaja na segurança. Eu era capaz de ir nele até costa de África, com os meus companheiros. Somos uma súcia desgraçada.

Mariano calou-se inquieto. Escutou o mar. As ondas enraiveciam. O vento assobiava fino nas frestas da porta. Parecia fronteiriço à casa, ou na direcção das lestadas ou do sul.

— Está embrabecendo deveras. A esta hora devem estar a dobrar o João Ribeiro, o farol do ilhéu na popa. Foram um pouco cedo. Manhãzinha estarão aqui diante. Gente braba, os meus companheiros... Mas o mar não tá pra mangação deveras...

Era como se Mariano estivesse agora falando com os elementos; com o mar e com o vento; ou com os companheiros a quem confiadamente entregara o bote. Seu sentido por momentos virou-se para eles.

Mané Quim continuava quieto sobre os sacos estendidos no chão duro de terra calcada. Fechou os olhos no escuro. Um clarão inundou-lhe o espírito. Sua vida era mansa, enxada na mão, no meio de montanhas, longe do vento e das trabuzanas do mar. Nada ali se assemelhava a esta contradança doida, a não ser, em certas horas de chuva rija, os ribeiros roncando fundo. Mas era uma voz que incutia entusiasmo e vontade de viver, dava coragem e força à gente. De lá de riba dos montes da sua ribeira o mar era como um lençol azul, uma água silenciosa e bonita. Não tinha brabeza, não ameaçava ninguém. Um grande tapume de pastagem. Mas aqui de perto... O ressoar da rebentação das ondas entrou-lhe nos ouvidos com violência, tomou conta de todo o seu ser como se fosse a única realidade do momento, como uma coisa superior a todas as outras coisas do mundo. Já não prestou atenção às narrativas do Mariano... Os ratos brincavam sobre o seu corpo, e não ligava. Faziam reinata à volta dele, entre as suas pernas, chiavam de alegria. Os gorgulhos dos sacos entravam-lhe para dentro da camisa, picavam-no como percevejos, mas ele só ouvia a ressaca das ondas rocegando os cascalhos da praia. Lembrou-se do *Roncador*, o antigo cavalo de seu pai. Era menino ainda mas nunca mais esqueceu. Toda a noite o animal agonizou raspando com as patas ensanguentadas a calçada da cocheira. A única noite em branco que ele tivera na vida.

Mariano suspirou:

— Assim vamos safando a vida porque de uma maneira ou de outra temos de meter cachupa na boca...

Mané Quim já não o ouviu. Uma muralha caíra entre os dois. O amigo disse mais qualquer coisa, mas seus ouvidos tinham-se virado para outra direcção como a campânula do gramofone do regedor. No fim do longo caminho de água, uma terra onde os homens não paravam, uma terra grande, de trabalho contínuo e dinheiro, onde a chuva descia com fartura e não havia fome e medo como aqui, uma terra muitas e muitas vezes maior que Santo Antão e São Vicente juntos. Mas lá na ribeira deixara a sua gente, a mãe-Joja, o Jack, a Escolástica, seus bocados de terra. A saudade pegou nele como uma mão poderosa. Ali sobre aqueles sacos, sentiu-se abandonado, afogado em tristeza. Os ratos continuavam brincando à roda do seu corpo. E o sono também rondava à roda do seu corpo. O contrabandista falava, falava. Era uma voz que vinha de muito longe, do fundo do mar... Nhô Lourencinho cochichou-lhe ao ouvido: «Olho de dono é o melhor estrume, ouviste? Trança os teus olhos com os teus braços, com as tuas pernas, com o sangue que sai quente do teu corpo e lança no chão junto da porta da tua casa, como quem despeja esterco. Então a tua terra virará rica.» Mas Sansão veio logo, pulando nas pernas arqueadas, com o seu riso velhaco e o bafo de aguardente: «Deixa a grama criar. Quem tira minhas gramas são meus bichos. Minhas vacas e minhas cabras dão queijo e manteiga. Não tenho paciência para aturar lavradores, não tenho paciência, paciência, rrr...», e jogou para o lado um grosso cuspo cor de tabaco. Nhô João Joana com a sua fala mansa e sabida, o bigode debangado, e os olhos brilhando com íris de gato no escuro: «Dou-te o dinheiro, já te disse. Com um jurinho de amizade. Terra das boas. É só chover...» Escolástica estacou diante dele, olhou para um lado e para o outro, receosa: «Sempre tu vais?...», pegou nela delicadamente, deitou-a sobre a caruma fofa, ia-se curvar sobre o mistério daquela carne virgem, quando a voz do Mariano, que a princípio pareceu ser da Joaninha, assustou-a, empurrando-a para o escuro: «Larga aquela história toda. Vai arranjar dinheiro com o teu padrim. És feliz porque tens um padrim que te leva para longe desta besteza.» Veio então nhô Vital, de braço estendido: «Um dia voltas com a ajuda de Deus. Encontrarás as tuas terras onde as deixaste. Voltarás rico, comprarás quase toda a Ribeira das Patas. Com a ajuda de Deus.» E quando nhô Lourencinho voltou à carga com exaltação, esgrimindo uma pedra de bico: «Quem vai longe perde a alma, sai, sai diante da minha vista, coisa ruim!...», o padrinho Joquinha meteu-se de permeio com calma, afagando a calva com os dedos leves, num gesto delicado da esquerda para a direita, como a pentear cabelos inexistentes: «Bobagem, deixa falar. Vai comigo rapazinho. Isto está ficando medonho...» Eram fantasmas que pareciam irromper dum passado longínquo e se digladiavam como inimigos ferozes.

As vozes calaram-se. A vista estendeu-se para longe. Ah!, aquelas montanhas! Quem não as reconheceria logo? Davam-se as mãos à roda da sua ribeira. Curvavam-se com amor, quase humanas, sobre as criaturas e sobre as plantas da terra. Defendiam-nas dos maus tempos que vinham de outras paragens. Outras vezes pareciam afastar-se, abriam a roda mais para dar lugar ao céu azul amplo e pacífico, e a um sol que, depois da chuva, se tornava a coisa melhor deste mundo. Se sucedia a chuva tardar como este ano, revestiam-se de angústia, como se crescessem de dor, protestando, suplicando ao céu um pouco de água para os córregos ensombrados que lhes contornavam os pés. E quando as nuvens acorriam condoídas, carregadas da bondade de Deus, sumiam-se por completo e eram substituídas pelas mensageiras da boa nova, pelas portadoras da bênção de Deus aos escravos libertos da terra.

Não havia dúvida, o vento mudara de direcção. Sacudia babugens de ondas contra a porta. A ressaca parecia minar a casa, preparar um desmoronamento. As ondas batiam desamparadamente a poucas braças da porta e as paredes vibravam a cada golpe. De onde diabo estava soprando o vento? Mariano pôs-se à escuta a ver se lhe adivinhava a direcção. Soprava moderamente; as ondas é que mostravam brabeza. Ouviu Mané Quim ressonar. Dormia regaladamente, como um porco, aquele moço. E a noite era pressaga, a noite era de se estar acordado. Teve um mau pensamento. Que é que essa besta ia fazer no Brasil? Só um estupor como ele, Mariano, não tinha sorte igual, um diabo dum padrinho também que o levasse para longe. Invejou o amigo com inveja má, com rancor. Ah!, se ele morresse nesse mesmo instante, ali sobre aqueles sacos... Se tivesse a certeza... Sim, que é que essa besta ia fazer no Brasil? Botaria pé de carreira para nhô Joquinha: «Se você quer vou com você. Leve-me com você prò Brasil. Sou homem pra tudo.» Era, no fundo, amigo do Mané Quim. Queria-lhe mal nesse momento porque se sentia desdenhado pelo destino que escolhia outro em vez dele. Era ele quem merecia essa sorte, tinha mais serventia do que o outro. Era ele, Mariano, que devia partir. Não queria mal àquele moço. Já dera prova do contrário. Gostava mesmo dele. Por sua causa brigara rijo com o Tiofe, no dia de S. João. Mané Quim era de pouca trabuzana, manso, não buscava lida a ninguém. Vendo que Tiofe desafiava o amigo, deu-lhe um puxão: «se queres briga vem ter comigo.» Todos que presenciaram a cena ficaram sabendo que era amigo dele. Mas esse trouxa nascera para viver na Ribeira das Patas, mãos no cabo da enxada do nascer ao pôr do Sol. Apesar de ser de boa nascença, não sabia fazer mais nada, não sabia viver outra vida senão aquela. Brasil foi feito para gente de outra casta. «Leve-me com você, nhô Joquinha. Sou homem pra todo o trabalho.» De novo imaginou Mané Quim morto sobre os sacos. Se ele tivesse a certeza, ah!, se tivesse a certeza...

Virava-se, inquieto, dum lado para o outro, no catre de lona, sem vontade de dormir, com uma insónia ruim a soprar, a soprar para dentro da sua cabeça que inchava como um balão. Sua vida era uma luta contínua dia e noite, com o mar. Amava o mar e tudo quanto ficava no fim do caminho do mar. Mas era o mar longe que ele amava. Viajar a bordo dum vapor qualquer — desses vapores vagabundos, ao deus-dará —, falar estrangeiro, fumar canhoto com tabaco perfumado, calmamente, meter uma bucha na boca de vez em quando, deitar-se de bruços no convés e ir sonhando e escutando o ruminar das turbinas na faina monótona de empurrar o vapor para diante; pôr pé em terras desconhecidas, e ter na algibeira dólares para beber cerveja e amar mulheres loiras de beiços pintados e corpo esguio... Era isso que ele sonhava. O resto não importava nada, viesse o que viesse depois...

Sua vida era cansada. Não passava da cepa torta. Dois dias antes tinha feito uma viagem a São Vicente, durante a noite, com vinte latas de aguardente e quatro passageiros clandestinos. Estava cansado, cansado desta vida sem proveito, desta vida de bolas. Das suas canseiras, só o negociante tira lucro. Ele e os da sua laia trabalhavam para os outros. A cadeia é que era para eles quando chegava a hora. Às vezes quase davam a volta à ilha de São Vicente para despistar os guardas, e passavam o dia num recôncavo qualquer como ladrões e assassinos. Outras vezes o grogue era confiscado e eles eram engaiolados. Gramavam uns dias de chilindró, enquanto os donos da aguardente dormiam descansados nas suas camas. Estes não se comprometiam: «Tás doido, moço! Não me meto na boca do lobo.» Os lucros eram para quem não se metia na boca do lobo.

O amigo continuava dormindo a sono solto. Queria conversar com ele, fazer-lhe perguntas, saber o que ele pensava, ouvir a voz daquele moço que ia largar a terra e que um dia, quem sabe?, voltaria endinheirado como nhô Joquinha. Era como comparticipar das suas aventuras e da sua felicidade. Mas o amigo roncava ali sobre os sacos tal qual um animal que não sabe para onde o leva o dono. Ah!, a sorte é uma injustiça do destino! Cai sobre quem a não merece. Sentiu um gosto de maldade, quase uma vertigem na boca. Gente estúpida do campo. Bravinhas! Pés de pulguinha! Não sabiam ter uma conversa com ninguém; em chegando a boca da noite tornavam-se mais duros que uma porta. Gente assim não pode servir um padrinho rico em parte alguma do mundo. Mariano magicava. A felicidade do amigo punha-o infeliz, a presença ali a dois passos do afilhado protegido tornava maior o seu abandono, a sua miséria, a sua pouca sorte. Se aparecesse nesse momento alguém que desse uma navalhada no rapaz, ficaria contente. Mas condoeu-se, teve pena... Navalhada não; uma moléstia perigosa, capaz de estragar os planos do padrinho, doença que o tornasse imprestável, que o retivesse por longo período de tempo na cama, até que o padrinho se impacientasse e se fosse embora. «Tu podes ir comigo, seu moço.» Largar essa vida bruta de ponta de praia, catraieiro, pescador, contrabandista, mau tempo no Canal, fome — entre as pedras esgaravatando caranguejos, a remar do cais prò falucho e do falucho prò cais, umas moedas safadas no forro das calças... Entra ano e sai ano, sem vintém. E não pode fazer mais nada, mais nada. Era isso que punha febre em seu corpo. Largar a vida chata. Procurar resultado melhor noutra parte, mas também ir passar sabe naquela terra que Deus fez: «O cimitério do Rio é mais divertido que a tua terra, seu moço», vestir roupa boa, dançar sambas, tocar violão, falar brasileiro. Sentiu gana de se levantar do catre, num ímpeto, praticar um crime — jogar seu destino nesse mesmo momento, ou vai ou racha. Mas ficou preso à lona do catre, paralisado, tomado de uma grande angústia — o catre rangendo com o bater do seu coração...

5

O relógio de pulso colocado na banca de cabeceira marcava as dez horas. Joquinha bocejou; colocou ao lado do relógio o livro que um amigo de São Vicente lhe emprestara — um volume de *Peregrinação*, de Fernão Mendes Pinto. Assoprou a vela e ficou de olhos abertos no escuro. «Acredito em tudo quanto este homem conta. Digo mais: e no resto que ele esqueceu. Não podia lembrar-se de tudo...» Joquinha descomandou os nervos, a atenção tornou-se-lhe difusa. Dentro dele abriu-se um poço profundo. Viu que o poço se dilatava até perder os contornos. O mundo em que cada um vive não pode ser fixado em umas escassas páginas de livro. As histórias que cada um conta da sua vida são pálidos arremedos da realidade, são pazadas à toa colhidas à superfície do entulho que enche o poço até às bordas. Cada qual é náufrago de si mesmo, e ninguém pensa em esgotar o mar para encontrar terreno seguro onde firmar os pés. E assim Joquinha boiou, boiou, perdido na superfície do seu imenso mar interior até que, cansado, adormeceu.

Dormiu profundamente. Aí pela madrugada alguém abriu a porta de mansinho, entrou no quarto onde ele dormia. Aproximou a cadeira, sem ruído, e sentou-se junto da cama. Joquinha nunca recusava a quem quer que fosse dois dedos de cavaco. Amigo de bate-papo, como aprendera a dizer no Brasil, Joquinha era capaz de manejar a língua durante horas seguidas. Sucedera--lhe, pelo menos uma vez, num comício em Manaus, tiveram de o arrancar do estrado, para dar lugar a outros oradores. Vendo o homem sentar-se ao seu lado, alçou o tronco, sentou-se na cama, de joelhos dobrados até ao queixo. Deixou-se ficar de cócoras, com os braços à roda das pernas. Mau grado a obscuridade que ainda reinava no pequeno quarto, Joquinha reconheceu nhô Lourencinho. Este foi quem quebrou o silêncio. «Bom dia», disse polidamente. «Viva!», respondeu Joquinha, em tom familiar. «Santos olhos o vêem. Que há então de novo, amigo?» Estebeleceu-se depois o seguinte diálogo:

LOURENCINHO: — Estás contente porque levas o rapaz contigo.

JOQUINHA: — Ora, não havia de estar! Que admira? Oh!, estou bem contente, ora sim.

L.: — Sempre conseguiste. Compraste-lhe a alma com Mefistófeles. Ou arrancaste-lha. *(Pausa. Noutro tom)* Hás-de ver. É uma trouxa que vai contigo... Se ele for, nota bem, se ele for. Uma trouxa vazia. Se for...

J.: — Que tem isso, se a encherei de outra alma? Tanto melhor para ele. O afilhado precisa conhecer mundo, viver e aprender a viver. Como eu. Sei coisas... Porque sofri por este mundo fora. O senhor não sabe...

L.: — És um aventureiro. Já que não tens alma procuras arrancá-la aos outros.

J.: — Como o senhor quiser. O rapazinho não se arrependerá. Há-de ganhar a sua liberdade. Aprenderá a lutar, lutará e triunfará! Com mais facilidade do que eu. Vai encontrar a papa feita. O que precisa é provar a primeira colherada. Estou ansioso por lha dar. A sua luta é outra espécie de luta... Sim, há-de triunfar...

L.: — Triunfar sem alma?! O único triunfo verdadeiro é sobre nós próprios. Quando não há alma, não há triunfo. Quando o caminho está perdido, tudo é perdido.

J.: — A *sua* alma é muito estreita, nhô Lourencinho.

L.: — A minha alma é estreita?! Bem. Estreita mas profunda.

J.: — A minha é larga, ora sim. É como um abraço que se estende pelo mundo fora...

L.: — Isso não é alma. É poeira. Poeira dos caminhos. Suja e superficial. Basta um sopro para a dispersar.

J.: — Mas as minhas experiências todas, a vida que vivi... Homem, você sabe que fui marítimo durante mais de dez anos, fora o resto. É obra. Fui um marinheiro de olhos abertos para a vida...

L.: — Experiência sem amor não passa de assunto para conversa; é vaidade. Um homem passa a vida inteira em companhia duma árvore cuja semente enterrara junto da casa quando era menino. Amou-a como a um membro da família, soube quando ela teve sede e regou-a, podou-a na época própria, protegeu-a contra as intempéries. Para ele a história daquela árvore é uma história muito rica. Um vagabundo não tem tempo para olhar para essa árvore, arrastado pelo seu destino de andar, inquieto, em perseguição daquela alma antiga que perdera. Comerá dos frutos da árvore, descansará à sua sombra, ou a abaterá para aproveitar a sua madeira. Contará assim a sua história: «Era uma árvore; comi dos seus frutos, descansei à sua sombra e servi-me da sua madeira.» O que te digo é que toda a riqueza do vagabundo, o que ele viu, o que ele sofreu e o que possui, não vale uma árvore viva do meu quintal. Tás a ouvir, ahn?

J.: — *(Com exaltação)* E a chuva, diga, e a chuva? A água que já não cai das rochas como antigamente? As nascentes secando, e o pasto ardendo nos tapumes como cinza dum incêndio devastador de vidas e haveres? E o sacrifício inútil dos homens? O desespero e a fome? A *sua* alma não é generosa, nhô Lourencinho. Quando um homem não se sente bem, põe a trouxa às costas e caminha. A sua alma é uma âncora engatada no fundo. Vem o temporal e o navio sossobra porque o capitão é um filósofo estúpido, não quis abandonar a âncora no fundo e safar-se. Assim perde a alma e perde o corpo duma assentada. Ora sim. Cantigas que você não cantaria se o seu cinto não desse para apertar mais, quando chegasse o momento dos apertos; quando as suas nascentes se esgotassem e as árvores do seu quintal caíssem de sede para o lado uma a uma, derrubadas pela fatalidade. Gostaria então de lhe ouvir as histórias de perder a alma e outras que tais. Era ver nhô Lourencinho largar a alma atrás da porta e botar pé de carreira como soldado que, diante do perigo, larga armas e bagagens para salvar a pele. Também esse pode ser um bom destino, ahn? Salvar a pele não deixa de ser um bom destino, o destino menos estúpido, ora sim.

L.: *(Com severidade)*: Lá onde está o perigo é o lugar do bom soldado. Tu não me conheces. Porque fui bom soldado é que as árvores do meu quintal não caíram vencidas. E as batalhas foram muitas... O destino do bom soldado é defender o seu posto. O resto é bobagem, como gostas de dizer.

J.: — Sem munições, sem água, sem comida? Ah! Diga lá...

L.: — Com fortaleza de ânimo, com paciência e coragem, o que é perdido é ganhado. Ao bom soldado não faltam munições, nem água, nem comida.

J.: — Prefiro ser caçador furtivo, com a caçadeira de duas bocas carregada *(Ri com a cara escondida entre os joelhos)*.

L.: — *(Com impaciência)*: Ou um assassino, sim, um assassino. Mas enviado pela Providência... Porque, afinal, vim cá para te ordenar: Vai matá-lo!

J.: — Matar?! Quem?

L.: — O rapaz. O teu afilhado. És capaz disso e de mais. Tu não tens alma. Pois, vais matá-lo, e já!

J.: — Agora essa! Eu matá-lo?!

L.: — Tu sim. Por tuas próprias mãos ou por outro processo qualquer. Como quiseres...

J.: — Que trapalhada! Assassinar! *(Solta uma gargalhada, mas cala-se de repente, e curva a cabeça humildemente, pensativo, como que assustado com a própria voz)*.

L.: — Com esta faca-de-mato. Tá bem afiada. *(Tira um facão do interior do casaco, entrega-o a Joquinha. Este recebe-o maquinalmente e coloca-o sobre a cober-*

ta a seus pés). E disfarçado nesta capa negra. É melhor assim, disfarçado... *(Entrega-lhe a capa, que ele pousa ao lado do facão).* Ao menos não reconhecerá senão as feições do teu rosto. Não te reconhecerá a ti. Persegui--lo-ás até o alcançares. Enterrar-lhe-ás a lâmina na região frontal um pouco à esquerda. Profundamente. Um ou mais golpes, como quiseres, até o libertares. Quero dizer até libertares a sua alma. Libertá-la da prisão do falso destino e restituí-la à liberdade do seu destino verdadeiro, à raiz donde, astuciosamente, a arrancaste. Tive pena desse moço. É o único com quem posso contar. Por isso vim cá.

J.: — *(Com veemência)* Não o matarei. Nunca.

L.: — Tu ou outro qualquer. Se não fores tu, não tem importância. Morrerá de qualquer modo. É o mesmo. Aquele que vai contigo morrerá de certeza. O outro fica. É o que importa. É o que interessa. A morte de um e a vida do outro. Sabes, nos momentos decisivos o homem vira dois. O que manda e o que desobedece, o que aceita e o que nega, o que vai e o que fica. É preciso decidir: um lado ou outro: cá ou lá. Mas para isso um dos dois será aniquilado. Há também quem siga o chamamento de um sem ter reduzido ao silêncio o outro. Mesmo que Mané Quim for, o *outro* que ficar será mais forte... *(Com firmeza)*: Mas nem um nem outro irá contigo.

J.: — Tu és o diabo que me estás tentando. *Vade retro, Satana!* Não quero a tua faca nem a tua capa. *(Agarra a capa e o facão, vai arremessá-los, mas detém-se. Observa o facão durante uns momentos)* Que cheiro que tem! Nem ao menos a lavaste. Cheira a antigamente. Que cheiro é? Meu pai tinha uma faca como esta, precisamente como esta, me lembro bem. Subia às árvores, tan-tan-tan, e cada golpe era um ramo que caía. Que saudade! *(Leva-o ao nariz)* Cheira a flores decepadas, tantas flores decepadas!, a rosas brancas, as mesmas daquela roseira antiga plantada junto da janela da casa de jantar da comadre. Cheira a estrume também, e a húmus, a musgo, a hortelã-pimenta, a terra molhada. Nem ao menos a lavaste.

L.: — Com ela o matarás. É a forma de o ressuscitares para mim. O navio espera. Não te esqueças então, na região frontal, um pouco à esquerda... *(Dirige-se para a porta. Antes de a transpor volta-se para Joquinha, faz um gesto de comando).* O que tens a fazer, faze depressa. *(Sai).*

JOQUINHA: — *(Só)*: E esta capa, meu Deus! Que saudade! Sim, também tu: Que saudade! Não é bem negra. Deve ser azul-ultramarino. O azul profundo das grandes distâncias. Sim é azul-ultramarino. *(Encosta o rosto nela, amorosamente).* Tem a frescura da refrega, e cheira a sargaço. Em que mar? Em que mar? Um odor acre a marisco e a vento do Sul, lá do outro lado do Oceano onde há *atols* e recifes de corais. *(Envolve-se na capa, segura o facão com a mão direita, e esboça um movimento de quem vai saltar da cama).*

6

Madrugada alta, Mané Quim acordou angustiado. Arregalou os olhos no escuro. Não fez um movimento. Talvez fosse inútil. O seu primeiro raciocínio foi de que mesmo que quisesse não poderia arrancar-se dali. Na barafunda do sono, ainda mal desperto, julgou-se um homem liquidado. Devia ter uma faca enterrada na cabeça e pregada no chão. Sentira-a penetrar. Qualquer coisa fria lhe tinha perfurado a testa à esquerda, e um líquido fresco riscava-lhe o crânio de alto a baixo. Os galos cantavam, e as suas vozes roufenhas chegavam como que de outro mundo, abafadas por um rumor denso e prolongado.

Foi quando se lembrou do mar. Mas não havia só mar naquele rumor; havia vento também, mas que vento! «Deixa-me!», gritou com furor. Ergueu o tronco, atordoado, ofegante. Sentou-se nos sacos. Líquido frio riscou-lhe a face esquerda até ao queixo. Tinha os cabelos e os olhos humedecidos e a cabeça tonta. Um sonho terrível. Mas continuou uns momentos ainda em dúvida sobre se teria sido sonho ou realidade o que acabara de suceder, pois tinha realmente o rosto empapaçado. Não podia verificar, assim no escuro, se era sangue ou o que seria.

A bordo dum enorme vapor e no meio dum mar encapelado, tão encapelado que arrastava vertiginosamente o vapor como uma folha levada pelo vento, havia horas que ele, Mané Quim, fugia a um homem embuçado, talvez seu padrinho, que o perseguia a passos largos e ágeis e deslizava quase sem tocar o chão, a capa flutuando como asas negras de morcego. O vento uivava e gelava, e as nuvens corriam baixo, rente ao mar, como cavalos cinzentos à desenfreada no campo. Acabara de ser alcançado por esse homem de expressão cruel que trazia uma grande faca na mão direita, e cujos olhos pequeninos chispavam na noite escura tomados de fúria diabólica. As ondas à volta do barco rugiam como manada de bois enlouquecidos, ou como ribeiros nos dias de grande chuva — pareciam querer devorar os dois únicos homens do vapor, um em perseguição do outro. O homem alcançou-o por fim, vibrou-lhe golpes furiosos na cabeça com a sua faca fria e fina, gingando o corpo todo como se estivesse dançando, ao mesmo tempo que dizia aos gritos: «Você vai se divertir no cimitério do Rio, no cimitério do Rio...» Foi então que, esforçando-se por se desenvencilhar do embuçado que o golpeava incessantemente e o manietava, despertou.

Guiado por repentina inspiração, estendeu o braço em direcção ao lugar donde retirara a cabeça. Um pingo de água acariciou-lhe as costas da mão vindo do tecto. Um pressentimento iluminou-lhe o cérebro como um relâmpago. Levantou-se num salto, caminhou ao longo da parede do quarto, desnorteado pela escuridão. Um rumor abafado que não era só de onda envolvia a casa. Era mar e vento — e era chuva! Vento rijo e chuva braba! Sentiu-lhe o cheiro! Acertou com a porta da rua. Precipitadamente, deu uma volta à chave, puxou o batente, mas este não cedeu. Desfez a volta que tinha dado. Rodou em sentido contrário, uma, duas vezes. Lufada violenta de vento e grossas bátegas de chuva fria irromperam pela porta escancarada, turbilhonando no quarto, como se o mar, enraivecido, lançasse as ondas contra a casinha do Mariano. Águas do céu desabavam sobre a ilha! Chuva braba, boa amiga! Demorara-se no caminho, e agora, para ganhar tempo, caía com fúria, desforrando-se, reduplicada de volume e ímpeto. Oh! Deus! Obrigado! Chuva sobre esses campos queimados! Água braba de Deus!

Mané Quim tinha os olhos abertos para o grande espectáculo. Na praia, as ondas alterosas batidas pelo vento investiam contra a chuva, lançavam as patas umas sobre as outras urrando desesperadamente. As águas do mar não logravam vencer as águas do céu. As nuvens corriam baixo como no sonho. A Natureza, iluminada por uma claridade baça, azul de antemanhã, movia-se vertiginosamente diante de seus olhos. Águas do céu dançavam e gritavam na alegria pagã de abraçar as ondas; estas contraíam-se resfolegando e de novo se lançavam para o alto como porcos esfaimados. O mar troava de inveja e de raiva, impotente; não conseguia transpor os limites impostos por Deus. A chuva dominava o mar!

Uma mão agarrou-lhe com força o ombro. Mariano assomou a cabeça na porta. Afastou Mané Quim para o lado, conservando os dedos aferrados ao ombro dele.

— Que trabuzana do diabo! Arra, arra! — praguejou com a voz rouca. Grossas gotas de água bateram-lhe no rosto mal acordado mas crispado de espanto. Parecia não acreditar no que via. Seus olhos inchados penetraram a visão terrível que se lhe deparava, com uma fixidez mais terrível ainda.

— Tempo de merda! — gritou com rancor. Onde estaria o bote com os seus companheiros a essa hora? Se tivessem chegado, já lhe haviam batido à porta. Então deviam estar no mar, no meio da dança. Soltou o ombro do amigo com um puxão violento e empurrou a meia porta, a pontapé. Penetrou no tempão assim como estava, de cuecas e nu da cintura para cima. Mané Quim viu o seu vulto caminhar sob a chuva, inclinado contra o vento desabrido, ao longo da praia; seguiu-o com a vista até a figura se esfumar ao longe e perder-se na cerração. Doía-lhe o ombro no lugar onde Mariano cravara as unhas. Mariano desapareceu ao longe, parecia ter entrado no mar. Onde ia o amigo debaixo dum tempo destes, como se se fosse atirar contra as ondas enfurecidas? Lembrou-se do bote. Na véspera Mariano avisara que o seu bote tinha ido a São Vicente. Agora estaria talvez revirado, e os companheiros do amigo lutando com o mar, levados pelas ondas, longe uns dos outros, ou devorados todos por peixes ruins. Mané Quim agarrou com ambas as mãos os umbrais da porta. Diante dele o canal era um caldeirão que fervia. O caldeirão do inferno devia ser assim. Lá dentro nenhum homem se salvaria. Sentiu medo do mar. E sentiu pena dos homens que lidam com o mar. Eram diferentes dos outros homens. A morte não os amedrontava. Eram valentes. Traziam a coragem estampada no rosto como um destino marcado a ferro. Evocou com admiração e respeito os olhos inchados de Mariano fixando o mar com fúria. Era grande a coragem dele. Teve dó deles todos, dos homens que lutam com a força bruta do mar...

Não, não. «Calê mar, calê nada!», exclamou imitando a Joaninha. Preferia a paz da sua ribeira mansa. Na sua ribeira a chuva cai nesse momento como uma esmola de Deus. Preferia ouvir a ribeira roncando no fundo. No meio duma chuva assim escuta-se a linguagem secreta dos ribeiros. Dá vontade de viver. Ia pegar na sua enxada para viver a sua vida.

Entrou para dentro. A camisa, no peito, escorria água. Pôs o boné, puxou-o até esconder as orelhas. Vestiu o casaco sobre a camisa molhada. A chuva sobre o mar não servia para nada. Mas lá na sua ribeira, era uma esmola de Deus no regaço faminto da terra...

7

Joquinha acordou cedo com uma reconfortante sensação de repouso. Os rins e as pernas que, à hora de se deitar, na véspera à noite, se mostraram tão ressentidos, pareciam completamente esquecidos da longa e fatigante jornada. O sono foi profundo, mal mudara de posição durante a noite, talvez nem tivesse sonhado. Estendeu o braço, pegou o relógio de horas luminosas, os ponteiros marcavam as seis justas. O Sol já devia ter despontado, mas a claridade que vinha da rua era baça como se estivesse apenas rompendo a madrugada. A manhã mostrava-se agitada, cheia de rumores. Lembrou-se do mar. Ah, sim, estava a poucos passos do mar; não confundir com a paz da Ribeira das Patas. Mas o mar devia estar bravio, e o vento, rijo; fazia um rebuliço estranho. Joquinha fora homem do mar. Percebia as mínimas diferenças do tempo como os médicos distinguem, num relance, o organismo doente do são.

Tinha deixado o batente da janela preso a um gancho, com uma abertura de meio palmo por onde o vento irrompia às rabanadas, protegido pela cortina que a Maria Lé tivera o cuidado de colocar. A cortina enfunava-se pesadamente como que presa pelas extremidades inferiores, mas a cada impulso maior do vento flutuava, sacudia vivamente os cadilhos de renda até ao meio do quarto e voltava a pousar serenamente. De repente o rebuliço aumentou de intensidade, e uma sacudidela mais violenta da cortina trouxe às narinas de Joquinha o cheiro a terra molhada. Não o odor acre e sufocante do pó levantado pelos primeiros borrifos, mas o cheiro húmido, farto, de terra encharcada. Levantou--se, enfiou as chinelas, dirigiu-se para a janela. Esta dava para uma pequena rua transversal bastante larga e um pouco inclinada. Prendeu a cortina a um prego, soltou o gancho e puxou a janela. Chovia a cântaros. Chuva compacta sacudida violentamente pelo vento. Por sobre o muro do quintal da casa fronteira onde se avistavam os campos até às cumeadas das montanhas, a espessura das cordas líquidas era tão densa que a vista não lograva penetrar para lá de uma centena de metros. O pavimento da ruela mostrava profundas fendas por onde pequenos riachos barrentos e apressados serpenteavam afanosamente. Na janela do oitão da casa fronteira, atrás da vidraça cerrada, reconheceu, num relance, a figura terrosa do comerciante Artur. Os olhos espantosamente abertos giravam-lhe como duas bússolas doidas.

Nesse momento não viu na chuva a salvação do povo; não pensou um momento sequer nas consequências das fontes ressuscitadas e dos campos verdejantes. Odiou também essas águas do céu não talvez com a mesma ferocidade mas com a mesma cegueira e o mesmo egoísmo daquele homem ali defronte da sua janela. Mas Joquinha era dotado de calma, nem por isso deixou de pensar no amor de Mané Quim, aquele apego à terra que ele considerava tão estúpido como o apego do gato à casa onde viveu. Não obstante, os dois ódios juntos, o do comerciante e o dele (e o do Mariano, acrescentaria, se o conhecesse), não valiam o amor do Mané Quim. Realidade ou ilusão, este apoiava-se em qualquer coisa de mais sólido e durável que o sentimento deles. É o que, num momento de lucidez, pareceu a Joquinha.

Não lhe era grata a visão do comerciante Artur nesse momento ali do outro lado da rua. Sentiu uma súbita aversão por aquele homem que nesse momento estaria a experimentar os mesmos sentimentos, o mesmo desgosto e ódio que ele, por razões tão diversas. Era como se entre os dois houvesse cumplicidade. Se a estiagem queimasse esses campos tão alagados agora, e grassasse a fome por toda a ilha, e os lares se despovoassem — teria ele, Joquinha, repugnância em apertar a mão a esse homem e dizer-lhe «Estamos ambos de parabéns, amigo Artur»? Deixou cair a cortina. Afastou-se da janela. Estendeu-se de novo na cama. Ficou a olhar para o forro do tecto caiado, onde manchas de humidade começavam a alongar-se. Estendeu o braço maquinalmente, tornou a pegar no relógio. Seis e um quarto. Continuou à espera. À espera de quê? Pensou nas palavras cruéis do comerciante: «Faço cá a minha vida, mas a chuva que é um bem para uns pode ser também um mal para outros.» Humano e feroz egoísmo! Cada um tem o mundo que criou, e vive trancado e armado no mundo que criou para si. Ouviu umas pancadas tímidas na janela. Levantou-se serenamente. «Já te esperava», disse a meia voz. Afastou a cortina. Era o afilhado.

— Que é que fazes aí, debaixo duma chuva destas, rapazinho? — gritou, descontrolado. Mané Quim balbuciou qualquer coisa que ele não percebeu. — Dá a volta que te vou abrir a porta. Vai depressa.

Durante uns segundos Mané Quim não se moveu. A chuva redemoinhava batendo-lhe nas costas. O boné, ensopado, pingava. Com relutância obedeceu por fim. De qualquer modo tinha de tomar o caixotinho de roupa.

Joquinha soltou a cortina. «Fiz tudo o que estava nas minhas mãos», disse para se justificar. A saleta tinha uma porta que dava para a rua principal. Destrancou-a. Estava perra, mas com um forte puxão ela cedeu. Trazida pelo vento forte a chuva esguichou para dentro da saleta como um dique aberto.

— Depressa, rapazinho! Que é que fazes aí de pé?!

Mané Quim entrou, pingando água, muito comprometido. Ajudou a trancar a porta. Tirou o boné, sacudiu-o contra o joelho, enquanto, de olhos no chão, esfregava os pés no soalho.

— Meter-se num tempo destes sem mais nem quê... Não podias deixar que a chuva amainasse? Isso está cá está sol. Para quê tanta pressa, ahn? Puxa esse casaco para fora, põe tudo a secar. Que doidice! É assim que se apanha um resfriado, ou coisa pior — arredou uma cadeira da mesa e sentou-se. — Tira esse casaco, rapazinho, vá! Ouve conselho de mais velho. E senta nessa cadeira, aí. Que é que vens fazer com este cedinho todo? Mas tira primeiro esse casaco, já disse!

— Não vale a pena. Eu vou... É só pra dizer...

— Vá lá, dize o que é, desembucha, homem! — gritou Joquinha com tanta impaciência e maus modos que o rapaz olhou para ele surpreendido. Mané Quim compreendeu logo que o padrinho não estava contente essa manhã. Pelo tom da voz, pela maneira desabrida como se sentara, pelo tamborilar nervoso dos dedos no rebordo da mesa, o padrinho não mostrava boa disposição. Longe de o intimidar, a atitude de Joquinha, ao invés, estimulou-o, deu-lhe inesperado alento, uma extraordinária e repentina audácia.

— Esta chuva está-me a chamar lá pràs minhas bandas — a porta do quarto tinha ficado aberta. O vento levantava a cortina da janela, abria grandes brechas. Através da abertura dos olhos do rapaz estendiam-se pelos campos fora até onde a espessura da chuva permitia.

— Ora sim. E tu, que pensas fazer?

Que pensava fazer?! Julgava ter explicado tudo ao padrinho com essas poucas palavras...

— Estou agora te perguntando que é que pensas fazer — insistiu Joquinha, pronunciando pausadamente as palavras, como que desafiando.

A coisa complicava-se. Mané Quim receou que o padrinho lhe botasse de novo o laço, o mesmo laço que, esta manhã, julgara ter rompido.

— Eu tenho pena... — balbuciou. — Eu peço desculpas... Mas quero voltar pra trás, quero ir-me embora... Vim dizer isto ao padrim e buscar a minha caixa...

Através da timidez do afilhado, Joquinha percebeu uma segura determinação. O afilhado não apareceu de mão a abanar. Vinha bem armado. Viu isso logo. O rapaz não se deixaria intimidar.

— Como é que apareces assim, sem mais nem menos, depois de tudo combinado, preparado e pronto, e já a caminho de São Vicente, apareces para desfazer o compromisso? Que bicho te mordeu esta manhã?

— Com esta chuva toda lá pra riba, a minha gente tem precisão de mim.

— Já ninguém conta contigo lá. Têm outros para ajudar. Não és lá preciso.

— Vou voltar pra minha Ribeira.

— Bem. Ouve o meu conselho, não vás nada. É tolice crassa. Não sabes o que estás a pensar. Não deixes te enganar por um aguaceiro passageiro. E deixa dizer mais: são estas demonstrações, estes fingimentos de água, que têm trazido mais desgraça ao povo. Vocês acreditam muito depressa no que os olhos vêem. Não vais voltar para trás nada.

— Eu vou sim, vou voltar pra minha Ribeira.

— Que valor tem uma chuvinha destas para a vida dum homem, rapazinho? Que valor tem, me dize? A vida não é só isso, não é só um aguaceiro que passa. Sim, que valor tem um aguaceiro para a vida dum homem?

Que valor tinha a água que estava caindo sobre a ilha?! Não compreendia o padrinho. Então... Mas a chuva não significava tudo? Eram as nascentes a transbordar como mamas de vaca parida de fresco, era o milho a despontar na ourela das casas e nos imensos sequeiros do Norte, era a erva nova nos campos...

— Sim — continuou Joquinha cheio de persuasão. — Estou-te abrindo o caminho do futuro e tu vais agora virar as costas só porque as nuvens deixam cair uma pouca de água?

— Não é uma pouca de água. Choveu toda a noite. Chuva braba. O Ribeirãozinho deve estar a transbordar até o primeiro pilar, com certeza... É lá o meu lugar agora. (Como se dissesse: «O destino do soldado é defender o seu posto.»)

— Lá para onde te quero levar chove de fartar — a voz do Joquinha tornou-se mansa, evocativa. — É o fim do mundo. Mas a gente se habitua. Há lá um rio, afluente do Amazonas. É como um ribeiro muito grande a entrar assim (com a ponta dum indicador tocou o meio do outro indicador) noutro ribeiro maior, pois esse rio, nos meses em que não chove chega a ter em certos pontos cinco quilómetros de largura, me ouves bem?, cinco quilómetros. O caminho de uma hora a pé pela estrada fora. É tudo água a correr, água doce, água de regar plantas! Quando chega a época das chuvas põe-se aquele mesmo rio a engrossar, a engrossar, até apanhar vinte e cinco quilómetros de largo, muito mais que este mar que separa Santo Antão de São Vicente! A gente fica banzo. Pois é, mas tu agora por causa desta chuvinha e destas enxurradas de passa-logo, já pensas voltar para trás! Queria te ver olhando para o Rio Negro e perguntando: «Pode lá ser que esta água toda vem de nascentes lá de riba?» Só te quero dizer que no mundo não há justiça. Quanto a chuvas, como também quanto a muita coisa, o mundo está mal dividido. No Amazonas é de mais, cá é nada, sim. Porque mais um pedaço, tu vais ver, se não é hoje é amanhã, e a chuva acaba, as enxurradas calam a boca, os ribeiros voltam a secar, a terra a escaldar, e tudo virará como dantes. Vais-te rir em Manaus quando te lembrares que um cuspinho d'água à toa te pôs vai não vai para virar de caminho e estragar a vida... — Joquinha riu com gosto, sem deixar de olhar para o afilhado.

Mané Quim ia desfazendo as malhas todas à medida que o padrinho as tecia. Pegara mesmo na extremidade do fio, era só puxar. Padrinho dava um laço, ele puxava dois. Ficava sempre de riba. Não tirava os olhos da janela. O vento levantava a cortina e os campos estendiam-se por aí adiante ensopados e insaciáveis. A trabuzana da chuva dominava o mundo. Também ele tinha sede daquela água, uma sede que nunca se estancava. E tinha fome de terra, uma fome que vinha do princípio do mundo até ao fim do mundo.

— Está uma chuvona que não me lembro de ver — murmurou. Os laços do padrinho eram mais frágeis que aquelas cordas de água. — Esta hora assim — continuou num tom de voz ardente, como se estivesse a falar com um outro que não fosse o padrinho —, o Ribeirãozinho está encharcado até ao primeiro pilar. A água vai roçar o mandiocal com certeza. Jack esta hora assim está lá gozando a água. Mas ele sozinho não pode. Só eu sei a força d'água quando entra lá. A força d'água com certeza vai roçar os pilares. *(Era como se falasse com a mãe-Joja.)*

— Que tem lá o ribeiro levar uma ou duas dúzias de pés de mandioca? — perguntou-lhe Joquinha num sorriso irónico mas comedido e paciente. — Que tem lá isso?...

— Sempre se aproveitam uns paus pra pôr nos pilares de riba. E como vai haver água em penca, já posso levantar mais pilares do outro lado, onde já foi regado também no tempo do meu pai. *(A mãe-Joja foi até à porta, espiou e disse só: «Louvar-a-Deus...»)*

Mané Quim caminhou para o quarto, curvou-se, pegou na maleta de tabuado, arrastou-a para o meio do quarto, segurou-a pela alça de arame que ele mesmo forrara de coiro e entrou de novo na saleta, dirigindo--se devagar para a porta da rua. Joquinha levantou-se, foi-se plantar entre ele e a porta.

— Mas isso é a sério, rapazinho?! — perguntou com os olhos muito abertos. Como não obtivesse resposta adoçou a expressão. — Já te disse. Em Manaus vais fartar os olhos de tanta água e tanta mandioca.

— Nem água nem mandioca dos outros me fartam os olhos.

— Quem te disse que é dos outros? Te darei grandes pedaços de terra para trabalhares, se te fizer gosto. Lá terás também de teu. O que é do teu padrinho lá, é teu. Padrinho já não tem mais ilusões na vida. Estou velho para tolices. Tu parece que não queres compreender... Pensa bem, rapazinho. *(No seu grande mar interior Joquinha debatia-se, pegava um pau perdido na superfície da água salgada.)*

— Meu é o que deixei lá de riba — replicou Mané Quim, estendendo o braço para a fresta da janela, como se as montanhas que dali avistava lhe pertencessem todas.

— Bobagem. Estás maluco, é o que estás.

— Padrim dê-me a bênção. Quero voltar já. Padrim perdoa, mas a minha obrigação é voltar já. Eu não quero por nada deste mundo atravessar o Canal — e acrescentou um tom de quem falasse de cor: — Eu não podia adivinhar...

Joquinha não se conteve:

— Estás doido varrido. Doido varrido. Perdeste o tino, não sabes o que fazes. A comadre vai ficar espantada.

Mané Quim teve uma súbita inspiração; recitou com ênfase:

— Todo o modo, quem vai longe perde a alma. Não quero perder a minha...

— Ahn?! Não queres o quê?! — Joquinha retesou a papeira, deitou a cabeça para trás a rir, a rir, um riso perdido. O afilhado falou grosso:

— Padrim dê a bênção, não estou mangando. Deixe passar, que vou lá pra Ribeira das Patas.

— Não te zangues, rapazinho — volveu Joquinha, conciliadoramente, batendo-lhe com ambas as mãos nos ombros. — Isso não é contigo. É que me lembrei do Lourencinho. Disse-me a mim a mesma coisa por duas vezes. É um homem das Arábias, ah, ah, ah!... Mas tu vai-me explicar agora mesmo o que é para ti perder a alma. O que sei é que te estou a oferecer uma oportunidade para ganhares algum dinheiro e viver... Essa de perder a alma, eu gostava que me explicasses justamente o que significa. Se perder a alma é, pelos modos, perder alguma coisa de seguro na vida, um bem qualquer importante... alguma coisa que valha a pena conservar, por exemplo, os olhos para ver ou as pernas para andar, ou outra coisa assim indispensável, então estarei de acordo contigo...

Mané Quim nada disse. Amarrou a cara, apertou os beiços. Aquela conversa era transcendente para ele. Entre ele e o padrinho cavava-se o abismo, no fundo do qual uma corrente caudalosa corria; para um era de água doce, para o outro aquela água era salgada. Mas tanto fazia, fosse um braço de mar trazido pelos ventos dos oceanos, ou um ribeiro pela trabuzana das chuvas. Não se podiam encontrar e caminhar juntos, porque essa água salgada ou doce separava-os, colocava cada um no seu caminho: o caminho do mar e o caminho da terra. E não era tanto a distância que os apartava mas a direcção dos seus caminhos opostos, a diferença de suas lutas — no amor perdido e no amor ganho a toda a hora. Então Joquinha afastou-se para lhe dar passagem:

— Ora sim — disse com a voz trémula. — Quis te fazer um bem, rapazinho. Paciência. Gostei de ti, quis te fazer um bem mas tu não queres. Cada homem tem na cabeça o seu pensar. Eu tenho o meu e tu tens o teu. Não sei bem, mas pode ser que tenhas razão, do teu lado. E daí, quem sabe, talvez eu fizesse mal se te arrancasse de raiz. É o que estou a pensar, ora sim. Fiz tudo para te levar comigo. Até te enganei, e intriguei. Bobagens. Por bem. Tudo por bem. Para te auxiliar e fazer gente. Quis te meter na boca a primeira colherada, mas faltou-me o jeito, deixei entornar o medicamento antes de lhe tomares o gosto. Não te soube manobrar, me parece. Ou talvez tivesses criado raízes mais fundas, e eu chegasse tarde de mais. Mandei cavar as tuas batatas, de noite, pra te desgostar. «Mas que ideia», digo agora de mim para mim. Os trabalhos que te dei aquela manhã quando encontraste o pilar derrubado! És um rapaz de boa têmpera, és. Isso me deu orgulho e contentamento. Pena é que tenhas mais amor e vontade do que visão e cálculo. Precisas ser um pouco mais prático, e não andares aí sonhando tolices, numa terra onde todo o sonho não passa de tolice. Mas tive mais ideias malucas. Até mandei dizer a nha Totona que andavas de namorico com a filha. Não me chames mexeriqueiro. Me avisaram, julguei que era a rapariga quem te punha renitente, quem te estava estorvando o melhor passo da vida. E não tive dúvida em fazer isso pois achei que ela não era da tua criação. Se fosse da tua criação não me importava, vocês iriam os dois comigo, casadinhos, bem se vê. Tanto melhor; seriam dois filhos que eu levava em vez de um. Foi o que pensei quando descíamos a chã ontem de madrugada, e a vi por cima do muro acenando para ti, e a mãe correr para ela com o varão de marmelo, e ela aguentando as varadas e acenando sempre, até que foi arrastada à força. Ora sim, fiz tudo o que podia fazer. Por caridade. Por ti e também por mim. Queria um companheiro e um filho. Deus te dê a bênção, então.

Impaciente e, ao mesmo tempo, embaraçado Mané Quim ouviu o discurso até ao fim, de olhos no chão. Quando o padrinho acabou, disse com a voz engasgada:

— Aquele dinheiro que padrim mandou à mãe-Joja... temos de o devolver...

— Deixa lá o dinheiro. Não é teu, é da comadre. Não me esquecerei dela, podes lhe dizer. Não me esquecerei dela.

— E este boné, o cinto...

— Bobagem — atalhou Joquinha, refeito e senhor de si. — Isso agora é teu e não me amoles. Já que não aceitaste o resto...

— Padrim dê-me a bênção...

— Deus te abençoe e te dê juízo. E não venhas a arrepender-te, rapazinho; é só o que tenho a dizer...

Quis ainda tomar um atitude altiva, quis ser brutal, lançar à cara do afilhado ingrato uma palavra dura; mas sentiu-se, de repente, comovido. Puxou a porta com um vigor de que não seria capaz em circunstâncias normais. A porta cedeu ao primeiro impulso. Mané Quim escondeu a cara com o antebraço livre, talvez para se defender do primeiro embate da chuva e do vento, e saiu. A chuva caía às rabanadas, com a fúria dum repuxo de pressão. Dois homens passaram chapinhando no lamaçal, em direcção do Peixinho. Iam um ao lado do outro a trote, os bustos inclinados contra o vento. Atrás deles uma mulher magra com a roupa colada ao corpo e uma criança nua ao colo tentava, em vão, alcançá-los, ao mesmo tempo que lhes gritava frases soltas.

— É o bote grande do Mariano... — disse um dos homens para ela, sem se deter.

— E eles morreram todos, ahn? Ocê sabe se eles morreram todos? — suplicou a mulher aos gritos.

O homem continuou a marcha sem responder.

Joquinha empurrou a porta com força. Mas esta estava dilatada pela humidade, e não se prendeu; virou-se contra ele, impelida violentamente pelo vento. A chuva bateu chapadas contra o soalho. Joquinha tentou a segunda, a terceira vez. A pressão do vento era superior às suas forças. Curvou-se ainda mais, escorregou no soalho molhado e caiu desamparado, com grande estrondo. Maria Lé apareceu.

— Jesus, Santa Maria! Que tempo bruito que está fazendo esta pela-manhã!

Um rapaz esguio e pálido veio atrás dela. A chuva entrava a jorros trazida pelo vento quase fronteiro, espirrava contra a parede do fundo; os quadros nas paredes dançavam à roda dos pregos, a toalha rolara da mesa para um canto. Correram os dois para a porta, e com certo esforço conseguiram trancá-la. Joquinha levantou-se com dificuldade.

— Irra! — exclamou para se fazer de forte, chamando a si um pouco de energia. E numa desforra derradeira, ao mesmo tempo que, com a mão trémula, acariciava a cabeça num gesto delicado, da fonte esquerda para a fonte direita: — Bem se diz: «Bruto como uma porta, *bruto como uma porta.*» — mas acrescentou, apoiando-se à mesa: — Sofro do coração, sabem? E esta *porta* já me fez mal. Me ajudem por favor.

Levaram-no amparado para o quarto.

Glossário

Agoitar — espreitar, fiscalizar.

Balaio — cesto.
Binde — vaso com orifícios na base com que se coze o cuscuz; binde de cuscuz: conteúdo do vaso, bolo de milho moído cozido a vapor.
Bioco — careta.
Boca da erva — termo depreciativo, de nojo; erva, neste caso é tabaco que deixa mau cheiro e mau aspecto na boca de quem masca.
Boca-da-noite — início do crepúsculo; noitinha.
Bravinha — camponês do interior da ilha de Santo Antão. Desajeitado. Saloio.
Buli ou **bli** — vaso formado pela casca inteira e seca de uma cabaça, serve para transportar líquidos e é usado pelos camponeses cabo-verdianos.
Busil — orifício para libertar a água, nos tanques destinados à rega.

Calaçeiro — preguiçoso. (Calçaria — preguiça.)
Calé! — **qual!** — exclamação depreciativa. Significa desdém.
Cambar — passar além de, montar, desaparecer atrás de.
Cancã — rapé.
Canhota — (ou passarão) ave da família do abutre.
Canhoto — cachimbo.

Codê — o mais novo dos irmãos.
Cariçó — planta gramínea oca, caniço.
Crã — varrido, sem nada.

Desamparinho — crepúsculo.
Desgraçado — corajoso, valente.
Dias-há — há muito tempo.

Est'hora assim — neste momento, dentro de pouco, sem demora, há pouco tempo.
Expressar razão — dar opinião, conversar.

Fep! — completamente.
Frescal — diz-se da carne de porco que ainda não absorveu o sal. Fresco, arejado, húmido (terreno).
Fusco — embriagado. (Fusca — embriaguês.)

Gongon — «Medo» infantil.
Grilidos — desmedidamente abertos (olhos).

Lambudo — curvado para diante. Corcunda. Envolvido (numa manta ou pano).
Lato — látego, cinto.

Madrião — roupão que as mulheres usam em casa.
Mantenha — cumprimento (dar mantenhas, dar saudades).
Mascarados — salteadores com máscaras de peles de cabra.
Mèrada — área de terra de cultivo.
Muínha — um bocadinho, pequena porção.

Nagóia — coleóptero cinzento-azulado aquático, voa quando as lagoas onde habitam secam. O povo acredita que esmagando-a nas plantas dos pés de bebés preguiçosos ajuda-os a caminhar depressa. Tornam-se irrequietos e dados à vadiagem quando crescidos.
Nhara sim — sim senhora (Nhor — sim — sim senhor. Formas familiares).

Papa-rolão, ou apenas, **rolão** — papa de milho mal moído, isto é, cujas partículas não se reduzem a farinha. Há também o *xerém*, de partículas mais grossas que o *rolão*.
Papiar — falar.
Patamar — paredão construído das pedras retiradas dos terrenos preparados para lavoura.
Pilar — socalco.

«Quase sim» — pode ser que sim, talvez. Emprega-se apenas nas respostas.

Rabo-leque — certas raças de pombo com a cauda em forma de leque; que dá ares de importância, vaidade.
Reianata — jogo das escondidas.
Riola — intriga.

Sabe (diminutivo: sabinho) — agradável, bom, apetecível, aprazível. Passar sabe: sentir-se bem, estar bem, gozar.
Sarraia — bolsa de pele de cabrito.
Sem destino, ou **em penca** — em grande quantidade.

Tambaque — cilindro de esteirado de cana de carriço destinado a armazenar cereais.
Tarimba — em certas regiões de Santo Antão, prateleiras de esteirado suspensas do tecto por cordas de carrapate.

Vida de bolas — exclamação de desagrado; vida de dificuldades.

**A melhor maneira de conhecer a literatura de todo
o mundo é ler a colecção Uma Terra sem Amos.
É uma colecção sem paralelo**

ÁFRICA DO SUL	*A Luz Que Rompe as Trevas,* Alex La Guma *Tempo da Morte Cruel,* Alex La Guma *País de Pedra,* Alex La Guma
ALEMANHA	*Nu entre Lobos,* Bruno Apitz (2.ª edição) Prémio Nacional da RDA 1958
ANGOLA	*A Conjura,* José Eduardo Agualusa Prémio Revelação Sonangol 1989
ARGÉLIA	*O Ás,* Tahar Ouettar
ARGENTINA	*A Ocasião,* Juan José Saer Prémio Nadal 1987
BÉLGICA	*A China de Gaspar,* Magda van den Akker Prémio da Flandres para a Melhor Primeira Obra 1989
BOLÍVIA	*Nosso Sangue,* Jesús Lara
BRASIL	*Maracanã, Adeus,* Edilberto Coutinho Prémio Casa de las Americas 1979 Prémio Afonso Arinos da Academia Brasileira de Letras *O Centauro no Jardim,* Moacyr Scliar Prémio da Associação Paulista de Críticos de Arte 1980 *O Sorriso do Lagarto,* João Ubaldo Ribeiro (2.ª edição) *A Máquina Voadora,* Braulio Tavares
BULGÁRIA	*Sob o Jugo,* Iván Vazov (esg.)
CABO VERDE	*O Testamento do Sr. Napumoceno da Silva Araújo,* Germano Almeida *O Meu Poeta,* Germano Almeida

	A Ilha Fantástica, Germano Almeida
	Os Dois Irmãos, Germano Almeida
	Estórias de Dentro de Casa,
	Germano Almeida
	Chuva Braba, Manuel Lopes
CAMARÕES	*O Velho Preto e a Medalha*,
	Ferdinand Oyono
	Uma Vida de Boy, Ferdinand Oyono
	Remember Ruben, Mongo Beti
CHECOSLOVÁQUIA	*Comboios Rigorosamente Vigiados*,
	Bohumil Hrabal
CHILE	*A Semente na Areia*, Volodia Teitelboim
CUBA	*A Última Mulher e o Próximo*
	Combate, Manuel Cofiño
	(2.ª edição)
	Prémio Casa de las Americas 1971
	A Harpa e a Sombra, Alejo Carpentier
	A Ilha Contada (vários),
	Antologia de Contos Cubanos
EGIPTO	*Em Busca*, Naguib Mahfouz
	A Viela de Midaq, Naguib Mahfouz
	Prémio Nobel da Literatura 1988
	(pelo conjunto da obra)
ESPANHA	*Os Plátanos de Barcelona*, Victor Mora
	O Castelo da Carta Cifrada,
	Javier Tomeo
	Fragmentos de Apocalipse,
	Gonzalo Torrente Ballester
	Prémio da Crítica 1977
	O Pianista, Manuel Vázquez Montalbán
	Crónica do Rei Pasmado,
	Gonzalo Torrente Ballester
	(8.ª edição)
	Beatus Ille, Antonio Muñoz Molina
	Prémio Ícaro 1986
	A Morte do Decano,
	Gonzalo Torrente Ballester (3.ª edição)
	Galíndez, Manuel Vázquez Montalbán
	Grande Prémio da Narrativa 1991
	Prémio Europeu de Literatura 1992
	O Sangue, o Vento, a Guerra e Outras
	Histórias, Gonzalo Torrente Ballester

O *Dono do Segredo*
Antonio Muñoz Molina
Autobiografia do General Franco,
Manuel Vázquez Montalbán
A Bela Adormecida Vai à Escola,
Gonzalo Torrente Ballester
O Prémio, (a publicar)
Manuel Vázquez Montalbán
Ardor Guerreiro (a publicar)
Antonio Muñoz Molina

EUA   *A Paixão de Sacco e Vanzetti,*
Howard Fast
Judeus sem Dinheiro,
Michael Gold
A Autobiografia de Miss Jane Pitman,
Ernest J. Gaines
Alice aos 80, David R. Slavitt
O Rei Gustavo e o Diabo, John Gardner

FILIPINAS   *Po-On,* F. Sionil José
Prémio Ramon Magsaysay 1980
(pelo conjunto da obra)

FRANÇA   *Os Sinos de Basileia,* Louis Aragon
(2.ª edição)
A Praça Vermelha, Pierre Courtade
Os Bairros Elegantes, Louis Aragon

GUIANA   *Uma Espécie de Vida,* Angus Richmond
Prémio Casa de las Americas 1978

HAITI   *Governadores do Orvalho,*
Jacques Roumain

HOLANDA   *O Assalto,* Harry Mulisch

HUNGRIA   *Primavera em Budapeste,*
Ferenc Karinthy (esg.)
Os Verbos Auxiliares do Coração,
Péter Esterházy

ÍNDIA   *Intocável,* Mulk Raj Anand

IRLANDA   *Insurreição,* Liam O'Flaherty (esg.)

ITÁLIA   *Os Sonhos da Memória,*
Gesualdo Bufalino
As Tentações de Jerónimo,
Ermanno Cavazzoni
O Mar Cor de Vinho,
Leonardo Sciascia

Uma Terra Sem Amos

A publicar